애로우
화살표만 따라가면
저절로 말이 되는 영어

Arrow English

영어학습법 (실전편)

preview
이렇게 해봐요

애로우 잉글리시 영어학습법(실전편)

초판 1쇄 발행 / 2010년 6월 25일
초판 10쇄 발행 / 2023년 2월 20일

지은이 / 최재봉
펴낸이 / 신성모
펴낸곳 / 북&월드
(EYE는 "Enjoy your English"라는 의미로
도서출판 북&월드의 영어관련서 브랜드입니다.)

등록 / 2020년 9월 24일 제 20-000197
주소 / 경기도 고양시 덕양구 토당로 123, 208-206
전화 / 010-8420-6411
팩스 / 0504-316-6411
이메일 / gochr@naver.com

ISBN 978-89-90370-76-1 13740

* 책 값은 뒷표지에 표기되어 있습니다.

애로우
화살표만 따라가면
저절로 말이 되는 영어

preview
이렇게 해봐요

Arrow English

영어학습법 (실전편)

최재봉 지음

애로우 잉글리시 영어학습법 (실전편)

EYE

머리말

그림 속 빨간 화살표만 따라가면 누구나 쉽게 고급영어를 단번에 익힐 수 있다!!!!

우리나라 사람들이 영어 학습에 투자하는 돈과 시간은 기가 질릴 정도이나 그 결과는 미비하였다. 그래서 이에 대한 해답으로 거국적으로 지난 10여년간 문법위주의 학습에서 벗어나야 한다며 영어회화에 치중했지만 뚜렷한 성과를 내고 있진 못한 듯하다.

사실 언어는 **언어가 구사되는 원리**를 제대로 알아야만 듣기, 말하기, 읽기를 한 몫에 꿰뚫을 수 있는 기본 틀이 마련이 된다. 이와 같은 인식 속에서 고심 끝에 나온 이번 **'애로우잉글리시 영어학습법(실전편)'** 은 단지 무식한 암기의 연속이었던 영어학습을 원어민 관점으로 바라봄으로서 실제적으로 스피킹이 될 수 있게 하는데 목표를 두었다. 또한 학습자에 대한 편의성으로 설명지문과 함께 **그림 속 빨간 화살표만 따라가면 누구나 쉽게 거침없이 말을 늘릴 수 있는 고급영어**에 다가갈 수 있도록 하였다.

영어 공부를 열심히 해도 도대체가 어느 선 이상으로는 발전이 없다는 독자는 물론이고, 아예 영어를 처음 시작하는 수준에 불과한 독자에게도 이 책은 최고의 책이 될 것이라고 확신한다. (어설프게나마 혼자 배워서 수영은 조금은 할 줄 아는 사람보다도 아예 '맥주병' 인 사람이 제대로 된 수영을 가르치는 데는 훨씬 쉽듯이 말이다.) 이제 '저비용 고효율' 의 제대로 된 수영법으로 광막한 영어의 바다를 여유롭게 헤엄쳐 나가보자.

이 책을 먼저 본 이들의 한마디

이인우 _ 회사원

저는 37살의 대기업에 다니는 회사원 입니다.

직장 생활을 하면서, 항상 영어공부에 대한 미련과 후회, 그리고 어떻게 하면 영어에 대해서 자유로워 질 수 있을까??? 아마도 이런 생각은 우리나라 직장인들이라면 누구나 하는 생각일 것 같습니다.

이 책을 만나, 첫 장부터 읽어나가면서 한동안 머리를 망치로 얻어맞은 것처럼 멍~ 했습니다. 영어라는 것이 이렇게 이미지로 머릿속에 그려질 수 있구나! 영어학습이라는 것이 이렇게 순서대로 이해하는 것을 의미하는 구나!

영어문장을 무조건 외우는 것이 아니라, 그림을 따라서 영어 문장을 쉽게 이해할 수 있구나! 왜 그리도 중 고등, 대학교 시절, 아무런 생각없이 문장을 달달 외우기를 수도 없이 했을까? 금방 잊어버릴 것을,,,,,,ㅜㅜ

지금은 영자 신문 속 사진기사를 보면서 해석해보고, 기억해 보고, 외워보고 있습니다. 사진기사를 통해서 영어문장을 외우기가 쉬워졌고, 무엇보다도 영어가 익숙해 져서, 승진시험이나, 개인적으로 준비중인 토익시험에도 많은 도움이 되고 있습니다.

저같은 직장인들이나, 대학생 여러분들께는 꼭 추천해 드리고 싶은 책입니다.

임가영 _ 고등학생

나도 모르게 내 머릿속에 누군가가 영문법을 통째로 집어넣은 느낌!!!

수능을 준비하는 학생으로 영어는 늘 나에게 지겹지만 반드시 넘어야할 산이었다. 하지만 이 책을 통해 하나하나의 과정을 학습하는 순간 나도 모르게 영어문장의 구조를 다 이해할 수 있었다. 정말 책의 내용대로 그림 속 빨간 화살표만 따라가면 말하고 쓸 수 있는 최소한의 영어를 자신도 모르는 사이에 익힐 수 있었던 것이다.

꼭 특정 시험을 준비하지 않더라도 여기에 나온 내용대로 주어에서부터 순서대로 말을 놓는 법만 익힌다면 영어가 한결 쉬워지고 외국인과 자연스럽게 대화를 하는 현실이 곧 내게 올 것 같다.

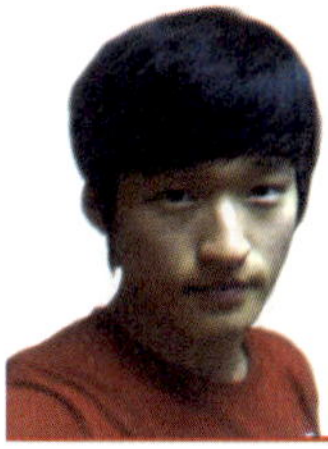

유재정 _ 대학생

이 책으로 영어공부를 하는 동안 나는 멋진 화가가 될 수 있었다. 정말 멋진 경험이었다. 마음껏 상상하고 순서대로 그림을 그려냈다. 여러 가지 고민할 필요가 없었다. 단지 주어에서부터 순서대로 하나하나 물건을 놓으면 멋들어지게 문장이 만들어졌고, 해석하느냐고 뒤집을 필요 없이 자연스럽게 영어라는 것을 배울 수 있었다. 정말 누구나 이 책과 함께 학습한다면 문법을 위한 문법이 아니라 실제로 스피킹과 라이딩에 바로 적용할 수 있는 살아있는 영문법을 학습할 수 있으리라 의심치 않는다.

영어공부는 미술시간이라고 생각한다. 다만, 그 재료가 크레파스나 색연필이 아닌 영어일 뿐이다. 저자의 이전 책이 그림을 그리는 순서를 가르쳐 줬다면, 이 책은 그 순서를 바탕으로 스케치북을 펴고 실제로 그림을 그리도록 돕는다.

차 례

차 례

차 례

영어학습의 핵심, 제대로 알고 시작하자!

왜 영어학습에도 '원리 이해'가 중요한가?

사람들이 종종 "읽기는 좀 되는데 듣기가 영 안 된다."고 한다. 하지만 그 사람의 읽기를 곰곰이 살펴보면 사실은 읽기도 '좀 되는' 게 아니라는 것을 알 수 있다. 읽기라고 다 같은 읽기가 아니다. 어떤 방식으로 읽는냐가 중요하다. **듣기와 동일한 환경과 조건에서의 읽기**가 아니라면 그 사람의 읽기 실력은 듣기나 말하기에도 전혀 도움이 되지 않는다. 도움은 커녕 아주 큰 걸림돌이 될 뿐이다.

영어학습의 요체는 영어라는 언어가 구사되는 원리에 대한 '이해'에 있다. 영어 실력이 어느 단계에 이르러서는 별로 진전되지 않는 경우가 많은 이유도 바로 '번역을 위한 끼워 맞추기식 해석'과 같은 잘못된 공부법으로 인해 '이해의 기초'가 마련되지 않은 탓이다. 읽기 · 쓰기 · 말하기 · 듣기 그 어느 것이든 단지 글자로 내용을 받아들이느냐 아니면 소리로 받아들이으냐의 차이일 뿐, '이해'가 이뤄지는 과정은 똑같다.

듣기에서 꼭 등장하는 방법이 '받아쓰기'인데 이걸 해본 사람들은 알겠지만, 들리는 소리를 글자로 받아 적어 놓을 수 있다고 해서 저절로 이해가 되는 것은 아니다. 이해는 별개의 문제이다. 우리가 초등학교 1학년 때 열심히 했던 우리말 받아

쓰기도 이미 소리로 이해한 문장을 단지 글자로 옮기는 훈련이었을 뿐이다. 그런데 사람들은 이상하게도 영어에서는 이해의 문제를 간과한 채 단지 소리에만 얽매이는 괴이한 현상을 보게 된다. (요즘 조기 영어교육에서 유행하는 '파닉스' 라는 것도 참 어처구니 없어 보인다. 뜻도 이해하지 못하는 글자를 소리 내어 읽을 수 있다는 게 무슨 대수란 말인가? 읽을 수 있다고 해서 저절로 그 단어가 이해가 되는가? 이해는 별개의 문제란 것을 다시 한번 더 상기시켜주는 사례일 뿐이다.)

한편, 쓰기는 좀 되는데 말하기가 영 힘들다고 하는 사람들도 흔히 보게 된다. 하지만 읽기는 되는데 듣기가 힘들다는 사람과 여전히 같은 문제점을 가지고 있음을 쉽게 알 수 있다. 단어가 나열된 순서와는 상관 없이 전체 문장을 놓고 앞뒤로 오가며 해석을 하는 방식이 쓰기에서라고 제대로 되겠는가 말이다. 어렵사리 영작을 좀 할 수 있게 되었다손 치더라도 우리말 문장을 일단 만들고서는 모르는 단어 있으면 사전도 찾아야 하고, 그러고 난 뒤 이리저리 앞뒤로 꿰맞추면서 영어식 어순으로 다시 문장을 만드는 데 한참이 걸린다. 이래서야 원어민과의 원활한 대화가 어느 세월에 가능하겠는가.

외국어 학원의 원어민 회화시간에 들어가보면 이 말이 무슨 얘긴지 알 것이다. 주말을 보내고 월요일에 만난 회화 시간에는 어김없이 지난 주말을 어떻게 보냈는지 묻는다. 원어민 선생님의 질문이 있은 후, 학생들은 자기 차례가 오기 전까지 부지런히 말 만든다고 정신이 없다. 그 동안 다른 사람들이 하는 말은 하나도 듣지 못

한다. 아니 아예 들을 겨를도 없다. 물론 그 만든 말도 제대로 된 영어 문장일 확률은 거의 희박하다. 바로 그렇기 때문에 '쓰기'도 자신이 전달하고자 하는 내용을 생각하자마자 바로 입에서 말이 나가도록 하는 '말하기'와 동일한 환경에서 하는 것만이 제대로 된 영작이다. 여러분 가운데 핸드폰으로 문자 메시지 보낼 때, 하고자 하는 말을 문장으로 만들기 위해서 몇 단계의 과정을 거치는 사람이 있는가. 바로 생각한 바가 손끝으로 이어져서 단어들을 입력해 문장을 만들어 보낼 것이다. 이렇게 하는 쓰기야말로 말하기 실력과 동일한 것이며, 그렇듯 쓰기와 말하기 사이에는 단지 소리와 글자의 차이만 있는 것이다.

이제까지 우리의 영어 공부는 읽기 위주였던 데에다 그나마 듣기 · 말하기 · 쓰기와는 전혀 연관성이 없는 방식으로 이뤄져왔다. 학원에 가보면 어김없이 독해반, 회화반, 듣기반, 영작반이 따로 있지 않던가. 하지만 이 모두에 공통되는 대전제가 '이해'임을 직시하고, 원어민과 직접 대화하는 상황을 전제로 한 '이해' 공부를 한다면 듣기 · 말하기 · 쓰기를 해결하는 것은 단지 시간문제로 남을 뿐이다.

이해를 기반으로 한 원어민식 영어학습법의 핵심은?

자, 그렇다면 이해를 하되 영어 원어민처럼 이해한다는 건 무슨 얘기일까? 그 핵심은 딱 두 가지다. 1) 단어가 나열된 순서대로 이해하기 2) 원어민이 생각하는 방식대로 사고하기.

1)은 너무나 당연한 얘기여서 설명하고 말고 할 것도 없다. 지금 우리가 우리말을 씌어진 순서, 들리는 순서 그대로 바로 바로 이해하고 넘어가지 문장이나 말이 다 끝난 다음에야 앞뒤로 왔다 갔다 하며 이해하는가? 영어 원어민도 자기네 말을 그렇게 바로 바로 이해해간다. 2)는 우리말과는 다른 원어민의 언어논리, 어순감각과 관련된 얘기이므로 설명이 좀 필요하겠다. 생각하는 순서대로 곧바로 말이 입에서 나가기 위해서는 먼저 영어식으로 생각할 수 있어야 하고, 그래야 그 영어식 사고의 순서에 따라 단어를 나열하는 것이 가능하지 않겠는가.

영어에는 영미권 사람들의 사고방식이 고스란히 배어 있다. 그러한 영어의 특성은 다음 세 가지로 요약할 수 있다. (이것이 바로 애로우 잉글리시적 관점이다.)

첫째, 영어는 철저히 주어 중심이다. 이는 영미인들의 개인주의적 사고를 보여주는 것으로, 어순 역시 '나(주어)' 로부터 가까운 것에서 먼 순서로 이뤄진다. 즉, 기준이 되는 주체(주어)로부터 보이는 순서대로, 사건이 전개되는 순서대로, 생각의 범위가 넓어지는 순서대로 단어가 나열된다는 것이다. 우리는 "에베레스트 산"이라고 하지만, 영어로는 "Mount Everest(산 에베레스트)"이다. 왜일까? 에베레스트 산을 인지하는 주어의 입장에서 먼저 파악되는 건 그것이 '산' 이라는 사실이다. 그러고 나서 가까이 다가가면 그 산이 구체적으로 특정한 산 '에베레스트'

임을 알게 되는 것이다.

둘째, 영어는 물리적이고 논리적이다. 흔히 동서양의 문화를 비교하면서, 동양은 정신적 · 직관적 · 종합적인 데 비해 서양은 물리적 · 논리적 · 분석적이라고 하지 않던가. 영어의 어순 역시 물리적으로 논리적으로 파악되는 순서대로 이동해 가는 배열을 보인다. My grandfather lived to be ninety. 우리말로는 "나의 할아버지는 90살까지 사셨다"겠지만, 영어는 "나의 할아버지가 사셨는데, 그 끝이 90살" 이라고 표현한다. 매우 논리적인 설명 아닌가? (to는 이처럼 앞으로 나아가는 물리적, 논리적 순서를 나타내는 아주 유용한 단어다.)

셋째, 영어는 동영상이다. 의사소통이란 한마디로 어떤 행동이나 장면을 상대방이 알아들을 수 있도록 글이나 소리로 전달하는 것이다. 이건 머릿속에 떠오른 '전달하고자 하는 내용의 상황적 이미지(그림)'를 서로 주고 받는 것이다. 특히 주어로부터 순차적으로 확장되는 영어의 구조는 그대로 하나의 움직이는 그림이 된다.

The search team prepares to send a Remotely Operated Vehicle (ROV) 500 meters down to the shipwreck site with a treasure ship.

이 문장을 기존의 '거꾸로 해석' 식으로 보자면 **"탐사팀이 보물선과 함께 있는 난파 장소까지 약 500미터 아래로 원거리에서 작동되는 차량을 보내기 위해 준비하다"**가 된다. 그러나 단어가 나열된 순서대로 주어에서부터 살펴보면 "탐사팀이 준비를 한다. 그리고 나서 내려 보낸다. 보내는 물체는 원거리로 작동되는 차량이다. 대략 500미터를 아래로 나아가니 난파 장소이며, 함께 있는 것이 보물선이다"가 된다. **주어인 탐사팀에서 시작해서** '준비하다 → 보내다 → 차량 → 500미터 → 아래로(down) → 나아가다(to) → 난파 장소 → 보물선' 까지 자연스럽게 순차적으로 확장되는 그림이 그려지지 않는가?

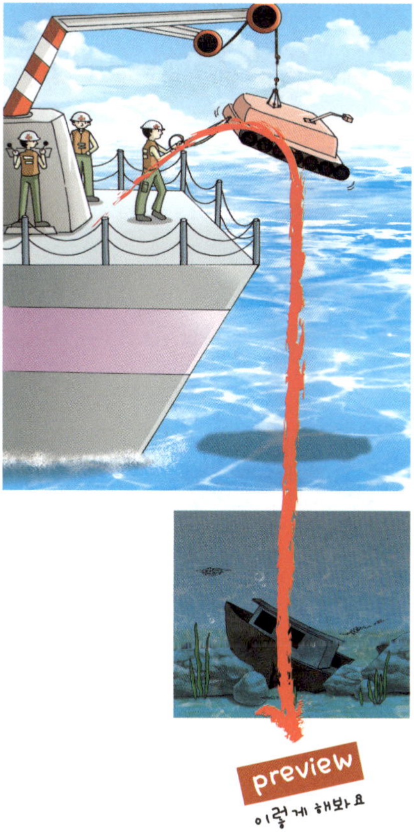

이러한 영어의 특성을 제대로 알아야 원어민이 생각하는 방식대로 생각하는 게 가능해진다.

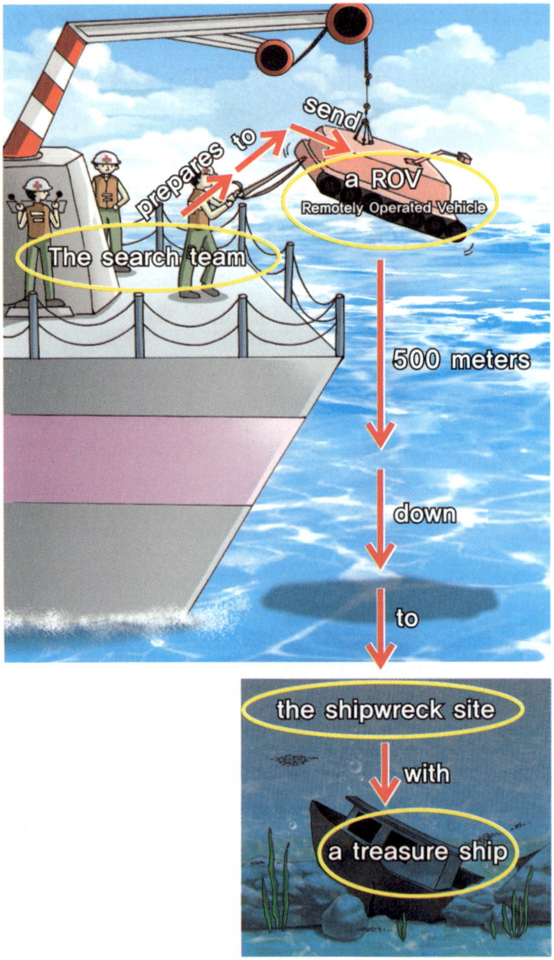
The search team
prepares to
send
a ROV
Remotely Operated Vehicle
500 meters
down
to
the shipwreck site
with
a treasure ship

'원어민처럼 이해하기'를 익히는 데 있어 그 골자를 다시 정리하면 이렇다. **1) 듣기와 동일하게 단어가 눈에 보이는 순서대로, 단어가 나열된 순서대로 바로바로 이해할 수 있도록 하기 2) 단순히 이해하는 차원을 넘어서서 왜 그런 순서대로 말하는지를 깨닫는 원어민의 언어사고 익히기.**

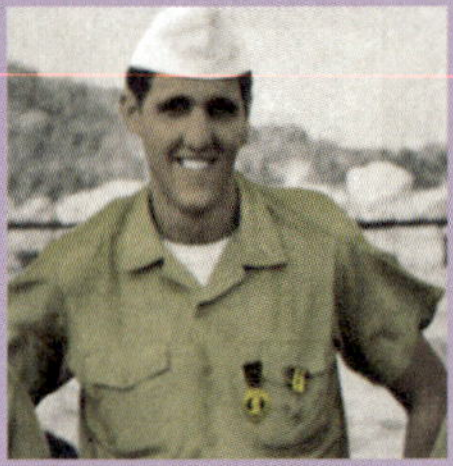
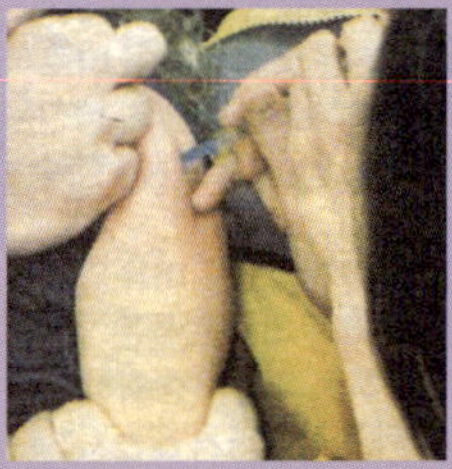

1

영어를 통째로 꿰는 근본원리

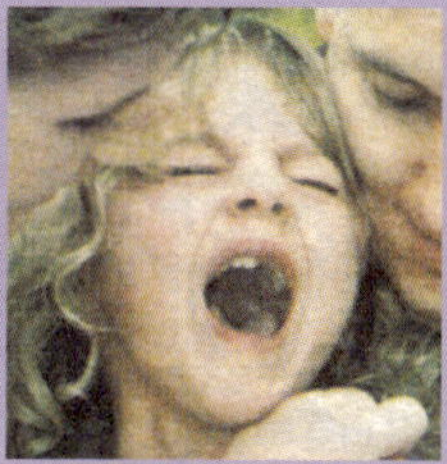

1 문법을 몰라도 그림과 함께
영어식 사고만 적용하면 저절로 이해된다
2 영어식 사고의 핵심
3 주어에서 힘이 나갈 때와 주어가 힘을 받을 때

1 / **문법**을 **몰라도 화살표**만 따라가면 **저절로** 이해 된다.

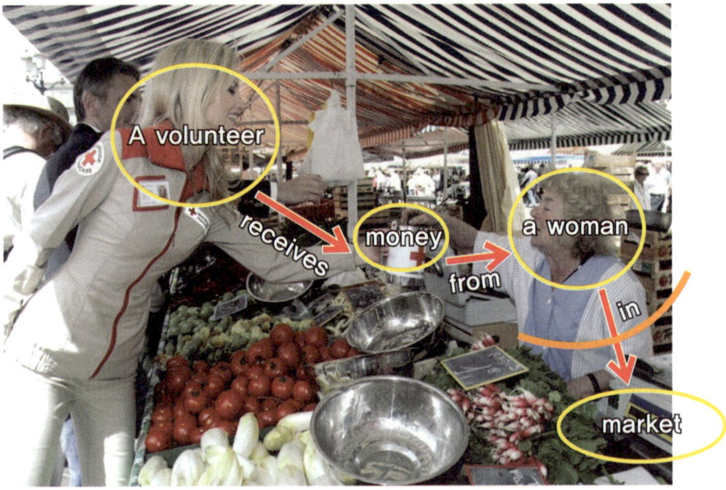

A volunteer receives money from a woman in the market.

보는 순서

보는 순서는 다음과 같다. 먼저 preview 이렇게 해봐요 를 보면, **주어에서부터 나오는 화살표**를 발견할 수 있을 것이다. 눈으로 따라가 보자. 그리고 그 눈으로 따라간 순서대로 단어가 일대일로 대응된다는 생각을 하고 따라가면 된다. 그리고 preview 아래의 동선이 있는 **본 그림**을 보자. 보고나니 정말 그 순서대로 단어가 대응되지 않았는가? 문법을 몰라도 그림과 함께 주어에서부터 가까운 순서대로 라는 영어식 사고만 적용하면 저절로 이해된다.

문장을 보면 온갖 문법적 요소가 다 들어 있다. 아래에서 영어를 그대로 남겨놓은 부분들은 문법적인 설명이 필요하지만, 그 나머지는 단어만 알면 되는 부분들이다. 일단 문법 다 모른다 치고, 그림에서 바로 인지되는 단어들만을 가지고 이해를 시도해 보자. 물론 단어들과 그에 해당하는 사진의 부분들을 서로 1대1로 대응시켜 나가면서.

한 자원 봉사자 → 받는다 → 돈 → from → 한 여인 → in → 시장

어떤가? 영어 그대로 놓아둔 기능어 부분들을 빼 놓고도, 문장 순서대로 따라가면서 사진에서 직접 파악되는 단어들을 하나하나 대응시켜 보니 전체적인 그림이 머릿속에 대충 그려지지 않는가? 이렇게 단어들만 순서대로 배열해 놓아도 어느 정도 이해가 될 수 있는 이유는, **영어 문장이 주어(한 자원 봉사자)에서부터 한 단계 한 단계 확장해 나가면서 한 폭의 그림을 그려내기 때문이다.** 이러한 영어의 특성을 제대로 깨닫기만 하면, 때로는 한국말보다 영어가 훨씬 더 쉬울 수 있다.

이제 기능어 부분들은, 문법적 의미를 고민하지 말고 사진의 장면에서 이미 파악된 단어와 단어 사이를 그저 자연스럽게 연결한다는 기분으로 이해를 시도해 보자. 사실 이 기능어 부분들은 여러분이 학교 문법시간에 지겹도록 배운 전치사, 접속사, 관계사, 분사구문들이다. **그러나 문법이란 것도 알고 보면 원어민의 사고방식대로 주어에서부터 순서대로 그림을 그려가기 위한 도구이며, 단어와 단어를 자연스럽게 연결해주는 가장 효과적이고 유용한 도우미들일 뿐이다.** 깊이 있는 분석을 요구하는 학습과 연구의 대상이 아니란 얘기이다.

● 사진만 보아도 그냥 문장이 저절로 이해된다.

먼저 제일, 처음 나온 단어가 '한 자원 봉사자' 이다. 그 자원 봉사자가 하고 있는 동작을 보니 '받고 있다'. 그리고 받는 것이 무엇인가 보니 '돈' 이다. 그 돈의 출처가(from) 어딘가 하면, '한 여인' 이다. 그리고 그 일이 벌어지는 장소는(in) '시장' 이다.

자, a volunteer(한 자원 봉사자)에서부터 시작해서 죽 이어져서 마지막 '시장'

까지 확장되는 한 편의 움직이는 그림이 자연스레 나타난다. 전체 그림의 동선을 주의 깊게 음미해보시기 바란다. 주어에부터 단어가 나열된 순서와 사진 속에서 주어로부터 시작된 동선이 한 치도 어그러짐 없이 착착 일치되어 나가는 게 보이지 않는가? 아무리 복잡한 문장들이 뒤섞여 있는 듯 해도, 이렇게 일련의 부분들이 차례차례 이어지면서 한 편의 움직이는 동영상을 만들어내는 것이 영어이다. 한 자원 봉사자로부터 시작해서 그녀의 내민 손을 따라 돈을 만나고 그 돈과 또 이어진 출처를 따라 이어진 이해의 동선을 통해, 전치사라는 문법 용어를 사용하지 않고도 주어에서부터 자연스럽게 순서대로 이해가 가능하다는 얘기다.

영어란 주어에서부터 순서대로 그림을 그려나가는 언어이고, 그 사이 사이에서 순서대로 이해의 동선을 연결해 주는 말들이 있을 뿐이라는 것을 실감나게 느끼기 위해서 이번에는 사진에서 주어를 달리해서 말을 만들어 보자. 주어를 한 여인(a woman)으로 해 보자. 그래서 편의상 주어가 왼쪽에부터 순서대로 나오도록 그림을 돌려 놓았다.

자 동선을 따라가 보자.

주어가 한 여인(a woman)이다. 그리고 그 여인이 하는 동작이 놓는다(put)이다. 그렇게 놓는 대상이 바로 돈(money)이다. 돈이 안으로 쏙 들어간다(into) 그렇게 들어간 곳이 바로 깡통(can)이다. 그 돈이 쓰여 지는 대상은(for) 바로 자원 봉사자 유니폼에서 보여 지듯이 적십자(the Red Cross)이다.

이제 이 순서대로 단어를 나열해 보자.

A woman puts money into the can for the Red Cross.

이렇듯 문법을 몰라도 주어만 찍으면 그림과 함께 주어에서부터 순서대로 당연히 나올 말들이 나오게끔 해 나가다 보면 자연스럽게 영어가 이해 되고 기존 문장을 암기하지 않아도 영어로 말이 만들어지게 되는 것이다.

우리가 영어를 하는 일차적인 목적은 한국말로 멋들어지게 '번역'하는데 있는 것이 아님을 분명히 할 필요가 있다. 그건 번역 전문가에게 맡기면 된다. 우리는 그저 영어를 읽거나 듣는 즉시 순서대로 알아듣고, 하고 싶은 말이 떠오르는 즉시 영어로 뱉어낼 수만 있으면 되는 것 아닌가.

앞으로 여러 그림들을 통해, 영어가 어떻게 생겼는지를 있는 모습 그대로 구경하자. 그 과정에서 주어에서부터 순서대로 머릿속에다 그림(상황적 이미지) 그리는 법을 배우게 되고, 동시에 원어민이 어떻게 사고하는지를 저절로 익히게 될 것이다. 그것이 곧 문법이다.

Arrow Target

● 문법 모른다고 겁먹지 말자

- 온갖 복잡한 문법사항은 잠시 잊자.
- 주어에서부터 그림에 구체적 이미지가 직접 나타나는 단어를 중심으로 해당 부분들과 단어들을 1:1로 대응시켜보자.
- 문법적인 사항들도 단지 그 문장이 담아 보이고 있는 그림의 구성 요소들을 순서대로 연결 시켜주는 데 필요한 도우미쯤으로만 이해하자.

옆 그림을 주어에서부터 순서대로 단어들을 나열해 보자. 주어가 한 남자(a man)이다. 그리고 그 남자가 하는 동작이 쓰다(write)이다. 그렇게 쓰는 것이 바로 그의 이름(his name)이다. 이름이 면으로 접촉하는 것(on)은 대기자 명단(a waiting list)이다. 이곳은 헌혈 센터(a blood donation center)이고 더 확장해 나가면 도쿄(Tokyo)가 된다. 이제 이 순서대로 단어를 나열해 보자.

A man writes his name on a waiting list at a blood donation center in Tokyo.

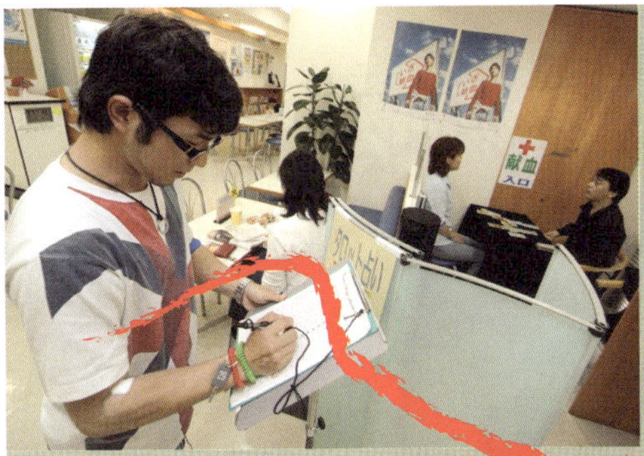

preview

이렇게 해봐요

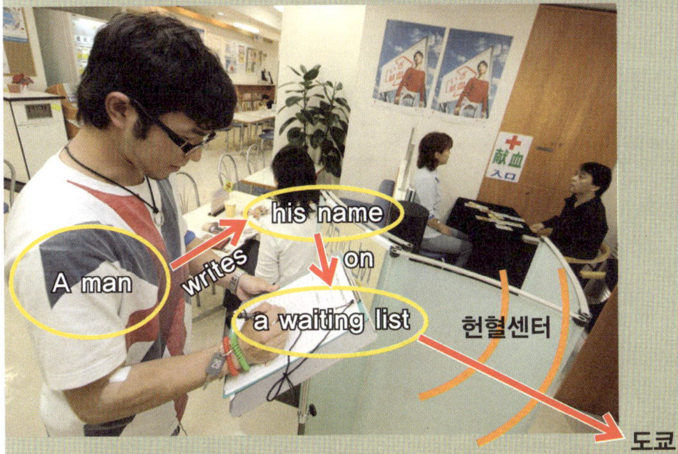

2

주어에서 **시작**하여 앞으로 날아가는 **화살표**를 **따라가**는 것이 **영어식 사고**의 **핵심이다**

A captain stands third from right in the top row, with the crew of a swift boat.

먼저 기능어에 속하는 단어들은 일단 빼고, 내용어에 해당하는 단어들만 가지고 사진과 일치시켜보자.

선장 → 서 있다 → 세 번째 → from → 오른쪽 → in → 꼭대기 → with → 승무원 → of → 쾌속정

일단 사진에서 선장에서부터 죽 이어지는 동선을 확인했는가? 그리고 난 뒤에 이제 중간 중간에 있는 기능어들을 넣어서 전체를 살펴보자. 물론 기존 사전에서 배운 의미나 학교에서 배운 의미는 잊어버리고 사진에서 눈에 보이는 것을 먼저 전제로 해서 자연스럽게 의미를 순서대로 맞춰주기 바란다. 이때 유념해야 할 원칙은 매끄러운 우리말 번역을 위해 절대 뒤의 단어로 넘어가서 거꾸로 해석하지 말고, 영어 단어가 나열된 순서 그대로 이해해 나가야 한다는 점이다.

사진을 보니 말이 시작되는 주어가 A captain(선장)이다. 이어서 stands(서 있다)라는 동작이 왔다. 그리고 이어지는 말이 third from right in the top row이다. 순서대로 보면 '세번째 → 출발점은(from) → 오른쪽 → 둘러싼 것은(in) → 꼭대기 줄' 이다. 그리고 선장 옆에 함께하는(with) 사람들이 the crew(승무원들)이다. 승무원들이 속해 있는(of) 대상이 a swift boat(쾌속정). 그리고 그 쾌속정에 대한 설명이 이어진다.

내용어들 사이에 기능어들을 집어 넣어서 전체적으로 순서에 따라 말뜻이 이어지도록 해보았다. 전치사 from(~로부터), in(~안에)의 의미가 학교에서 배웠던 것과는 다르게 나와 당황했을지도 모르겠다. 그러나 단어가 배열된 바로 그 순서대로 이해도 따라가야 한다는 점에서 from이나 in을 지금처럼 이해하는 게 더 맞다. from이나 in에 대해 원어민이 바로 그렇게 이해하고 사고하기 때문이다. 세상의 어떤 언어든 단어가 나열된 순서대로, 귀에 들리는 순서대로 이해되고 전달된다. 영어도 당연히 예외가 아니다.

● A captain stands

영어의 **'주어 + 자동사'**는 우리말로도 혼란이 별로 없다. 그냥 "주어가 ~ 하다"라고 하면 그만이다. 여기서도 "A captain stands" 를 "선장이 서 있다"라고 하면 된다.

여기서 잠깐, 영어에서 주어 다음에 나올 수 있는 말로는 무엇이 있을까 한번 생각해보자. 바로 주어가 '존재한다' 거나 '움직인다' 거나 하는 딱 두 가지밖에 없다. 존재함은 'be동사', 움직임은 '동사' 로 표현된다. 이렇게 **영어에는 항상 주어라는 존재가 먼저 있고, 그 존재가 '어떠한 상태로 있는가'는 어순상 그 다음이다. 어떤 존재가 일단 있어야 그 다음으로 그 존재가 움직이든 어떤 상태이든 될 수가 있는 것이니, 이는 매우 상식적이고 논리적인 순서이다.** 즉, 주어가 어떠한 구체적인 상태로 되어 놓여 있는 것보다 주어에 더 가까운 것은 바로 주어의 자기존재 그 자체이다. be동사가 바로 그 주어라는 존재가 성립되어 있음을 보여주는 것이고, 그 뒤에 따르는 말들은 그 존재가 밖으로 표현된 구체적인 상태이다. 그래서 "그는 상원의원이다"라고 할 경우 한국말로는 '그는 + 상원의원 + 이다'의 순서이지만, 영어에는 조사도 없으므로 '그 → 이다 → 상원의원'의 순서로 "He is a Senator"가 된다.

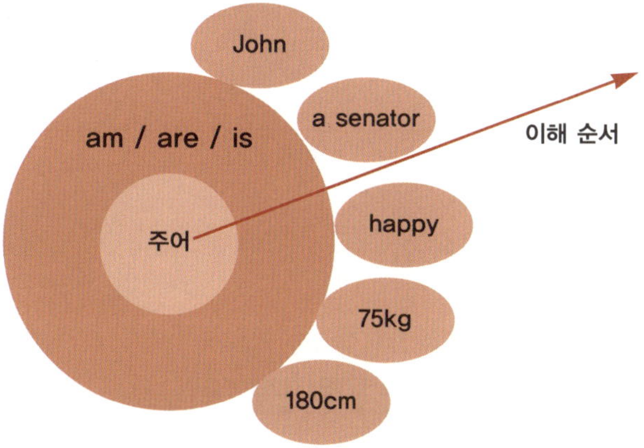

이러한 '주어 중심적 사고'는 He commanded a swift boat. 라는 문장에서 엿볼 수 있다. 이 문장은 '주어 → 동사 → 목적어'의 순서이다. 즉, 주어인 '그'가 존재하고, 다음으로 그가 취한 '지휘하다'라는 행위가 있으며, 그 다음 그 행위가 가닿은 대상으로 '쾌속정'이 있는 어순이다. 주어인 '그'의 입장에서는 '지휘하다'는 행위가, 그로 인해 영향을 받게 된 대상 '쾌속정'보다 자신에게 더 가깝다는 물리적 이해가 고스란히 남긴 어순인 것이다. 이렇게 말이든 글이든 철저히 주어 중심으로 해서 순차적으로 확산되어 나가는 게 원어민의 언어사고이다. 따라서 우리말의 "그가 쾌속정을 지휘했다(주어+목적어+동사)"가 영어로는 '그 → 지휘했다 → 쾌속정' 일 수 밖에 없음은 너무도 당연한 것이다. 어떤 동작이나 힘의 움직임이라는 관점에서 보아도, 원인을 받는 대상(그 결과)이 다음으로 오는 것은 참으로 논리적이고 과학적인 순서가 아닐 수 없다.

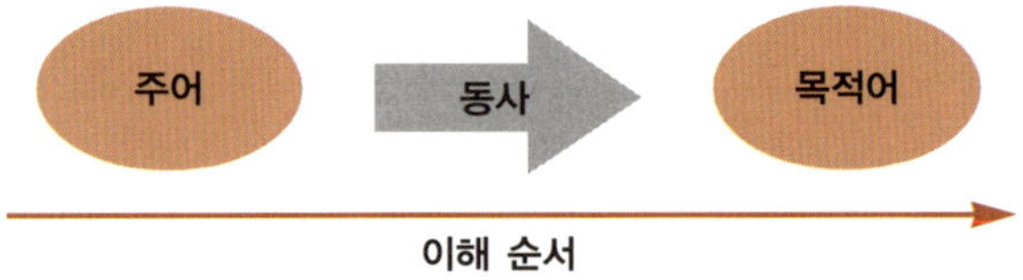

● third from right in the top row

여기에서도 원어민의 주어에서부터 순서대로의 사고방식은 여실히 드러난다. 흔히들 the top row 에서부터 시작해서 거꾸로 올라와 "윗줄 오른쪽에서부터 세 번째"라고 해석할 것이다. 하지만 시작점은 바로 주어인 '선장'이 서 있는 곳이어야 한다. 그런데 바로 그 주어의 자리가 무엇인가로부터 세 번째(third)라는 것이다. 그래서 그 순서가 매겨진 출발점을 찾아가보니 '오른쪽'이더란 얘기다. 그리고 좀더 시야를 넓혀보니 '주어의 자리'와 '세 번째'와 '오른쪽' 전부가 속해 있는 게 바로 '꼭대기 줄'이다. 그래서 'third → from → right → in the top row' 라는 순서로 말을 하는 것이다. 간단해 보이지만, 한국 사람들이 웬만해서는 쉽게 구사하지 못하는 표현이다.

그렇다면 전치사 from을 우리가 알고 있던 '~로부터' 라고 이해한다는 건, 주어에서부터 순서대로 이해하는 원어민의 언어감각으로 볼 때 당연히 문제가 있는 것이다. 이제 from right를 거꾸로 이해해서 '오른쪽+으로부터' 라고 하지 말고 단어가 나온 순서 그대로 이해를 시도해보자.

선장이 서 있는 위치가 '세 번째' 인데, 세 번째 두 번째 첫 번째 이렇게 위치를 세기 시작한 출발점으로 찾아가 보면 거기가 바로 '오른쪽' 이다. 따라서, 예컨대 from이 일단 귀에 들렸다면 "출발점(시작점)은~"이라고 이해를 한 뒤 다음에 무슨 단어가 나올지를 기다리는 것이 제대로 된 원어민식 이해인 것이다.

마찬가지로 in 또한 뒤의 the top row와 엮어서야 비로소 "꼭대기줄 **안에**"라고 해석할 게 아니다. 앞에 나온 right가 있는 위치가 뭔가의 '안' 임을 알려주는 말이 in이다.

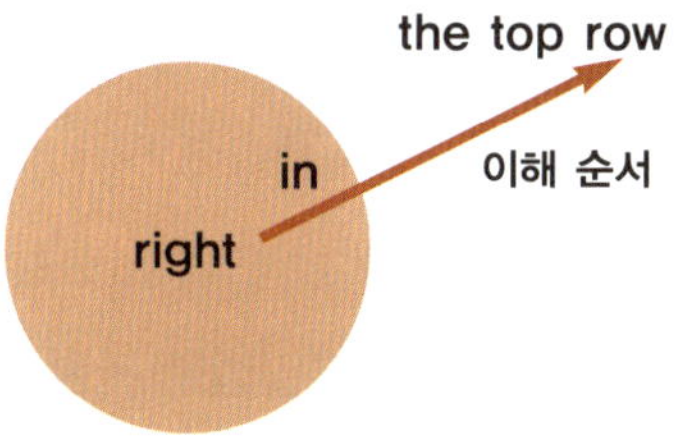

먼저 안에 존재를 하는 right의 입장에서 the top row 를 바라보아야 한다. 즉, right의 입장에서 **in의 개념**이 이해가 되어야 한다. right가 **"안에 있고 밖에서 둘러싸고 있는 것이"** "the top row"가 되는 것이다.

● with the crew of a swift boat

여기서도 with를 뒤의 the crew로부터 거꾸로 해석해서 "승무원들과 함께"라고 하지 말고, 단어가 나열된 순서대로 선장으로부터 시선을 옮겨가서 "선장이 있고, 함께 있는 사람들이 승무원이다"가 되어야 한다. 이렇게 영어의 어순과 사고의 흐름을 일치시켜 그대로 익힐 수 있는데, 왜 "승무원들과 함께"라는 식으로 거꾸로 해석을 해왔는지 참으로 안타까운 일이다. (이게 별것 아닌 차이 같지만, 실제로는 영어 이해의 길이 근본적으로 다른 것이다.) 이제부터 **with**는 그냥 **"함께 하는 것은~"**이라고 이해하면 된다. the crew of a swift boat 역시 "한 쾌속정의 승무원들"이 아니다. of하면 무조건 뒤로 가서 '~의' 라고 해온 탓에, of 앞의 단어부터 이해한 뒤 of를 거쳐 다음 단어로 이해가 진행되어야 한다는 게 오히려 낯설게 느껴질 정도이다. 그러나 이 문장을 귀로 듣는다고 가정해보라. 먼저 들리는 건 the crew(승무원들)이다. 그러고 나서 '승무원들' 이 밀접한 관계를 맺고 있는 것이 무엇인지 하는 설명이 추가된다. 그게 바로 '쾌속정' 이고.

이처럼 of란 단지 앞 단어와 뒷 단어를 이어주는 튼튼한 이음새라고 보면 된다. 그래서 **of**가 나오면 그냥 앞 단어에 이어 **"밀접한 관련이 있는 것은~"**하고서 다음 단어를 기다리면 그만이다. 그러면 해당 문장 안에서 그 밀접한 관계의 구체적인 내용은 인간의 인지능력만으로도 저절로 파악되게 마련이다. '승무원들 → 밀접한 관련이 있는 것은 → 한 쾌속정' 하면, 승무원들이 타고 있는 게 쾌속정임을 자동적으로 파악하게 된다. '부분 → 전체' 관계인지 또는 '결과–원인' 인지 '동사–주어' 관계인지 골치 아프게 따져보지 않아도 그냥 자연스럽게 이해가 된다.

● 사진과 함께 전체 문장의 동선을 주욱 파악해보자.

'선장' 으로부터 시작해서 '오른쪽' 으로 가서 '꼭대기줄' 을 지나, 전체 '승무원들' 을 만나고 그들이 서 있는 '쾌속정' 이 등장한다.

이제 주어에서부터 시작해서 한번 해보기 바란다. 영어 문장을 가리고 그냥 사진만 보면서 훈련해 보시라. 하다가 해당 영어 단어가 생각 안 나면 그걸 우리말로 대체해도 좋다. 여기서 중요한 것 주어에서부터 죽 순서대로 단어를 나열할 수 있다는 것을 경험하는 것이기 때문이다.

Arrow Target

● 영어는 모두 3형식 문장 안에 있다, 나머지는 그 변형일 뿐.

1. 주어 → 주어의 존재 → 그 존재의 표현 모습 = 주어 → be동사 → 명사/형용사

   I am. (나 → 존재하다)　　I am a student/happy. (나 → 이다 → 한 학생/행복한)

2. 주어 → 주어에서 발산된 힘 → 그 힘이 미치는 대상 = 주어 → 동사 → 목적어

   I sleep.(나 → 자다)　　I push the door. (나 → 밀다 → 문)

● 영어의 '주어 중심 사고'

'홍길동' 은 영어로 왜 'Kildong(길동) Hong(홍)' 일까?

주어인 자기 자신과 가까운 것은 '길동' 이란 이름일까, 아니면 '홍' 이란 성씨인가를 생각해보면 간단하다. 영어식 사고방식에 따라, 주어 입장에서 보다 가까운 것인 '길동' 이란 이름이 먼저오고, 그 뒤 '길동' 이 속한 가문인 '홍' 씨가 이어지는 것이다.

3

그림과 함께 **화살표**만 따라가면 **수동태 개념**도 **한방**에 **끝**

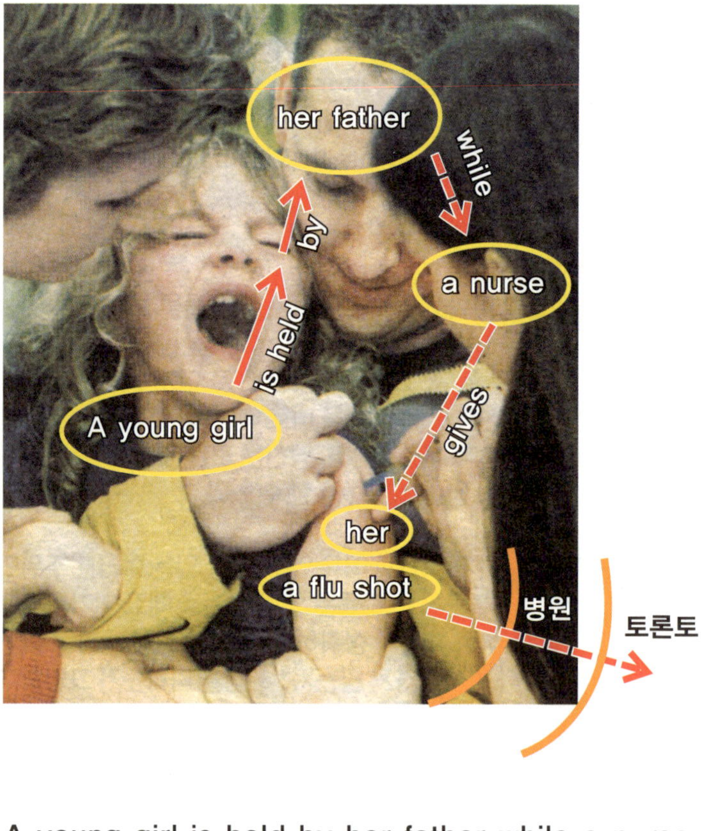

A young girl is held by her father while a nurse gives her a flu shot at a hospital in Toronto.

기능어를 정확히 몰라도 사진과 함께 단어를 순서대로 1:1로 맞추어 가면서 읽되, 다시 강조하지만 무조건 앞에서부터 한 단어 한 단어 순서대로 이해할 것.

preview
이렇게 해봐요

한 어린 소녀 → 잡히다 → by → 그녀의 아버지 → while → 한 간호사 → 주다 → 그녀 → 독감 주사 → at → 병원 → in → 토론토

자, '한 어린 소녀"가 주어이다. 사진에서 울고 있는 여자아이이다. 그리고 아이가 붙잡혀 있다. 사진의 도움을 받아서 보면, 잡은 사람이(by) 그녀의 아버지이다. 이때 동시에 일어나는 일은(while) 한 간호사가 뭔가를 주고 있다. 받는 사람은 그녀이고, 준 것은 독감주사이다. 있는 곳은 병원이고, 그 병원이 위치한 곳은(in) 토론토이다.

굳이 사전을 참조하지 않고 단지 사진만 보고서도 기능어들인 by, while, at, in의 의미들을 대충 알아차릴 것 같지 않은가? 원어민들은 이렇게 자신이 직접 처하는 상황 가운데에서 굳이 말로 이러쿵 저러쿵 할 필요 없이 **문법 사항들을 몸으**

로 바로 바로 익힌다. 우리의 영어 공부가 힘들었던 이유 중의 하나가 이해의 중요한 핵심인 '상황(그림, 사진)'의 도움 없이 그냥 글자로만 영어를 배웠기 때문이다. 그것도 오직 한국말 번역을 위한 거꾸로 된 해석 방식으로 말이다.

● A young girl is held by her father

통상 '주어 → 동사 → 목적어'의 어순은 주어에서 힘이 발산이 되고 그 힘의 영향을 받는 대상인 목적어가 오는 경우지만, 반대로 주어가 힘을 받게 되는 경우도 있다. 이때 문장의 모습은 '주어 + be + 동사의 과거분사'가 된다.

위에서 held는 hold(잡다)의 과거분사 형태인데, 과거분사는 **'어떤 동작이 이미 완료되었음'**을 뜻한다. 이러한 'be + 과거분사'의 형태를 학교에서 수동태라고 배웠을 것이다. 그러나 능동태니 수동태니 하는 문법 용어 갖다 붙일 필요 없이 그냥 **'주어에서 힘이 나갈 때'**와 **'주어가 힘을 받을 때'** 이렇게 구분하면 간단하다. 여기서 문법 용어 하나 아는 것보다 더 중요한 건, 왜 주어가 힘을 받을 경우 'be + 과거분사'의 형태를 가지느냐다.

그 이유는 간단하다. **주어가 힘을 받을 경우 그 주어는 가만히 있는 것이다. 그래서 존재를 나타내는 be동사가 나온다. 그리고 가만히 있는 가운데 어떤 힘이, 즉 어떤 동작이 주어 쪽으로 가해진다. 주어가 동작을 느낄 때는 이미 그 동작은 종점에 도달한 것이다. 그래서 동작의 완료를 나타내는 과거분사 형태를 사용하는 것이다.**

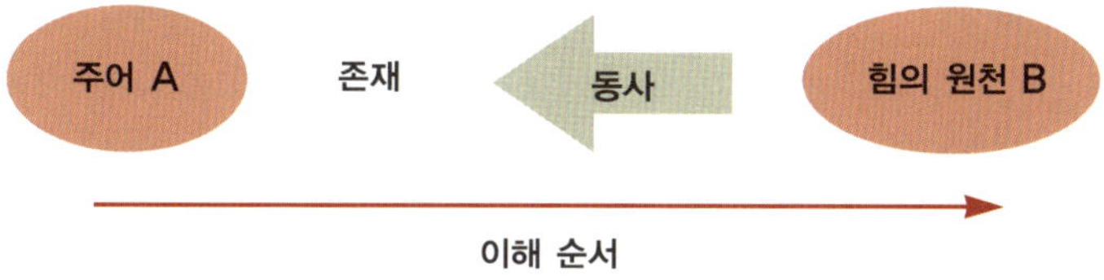

우리말로는 뒤에서 가해지는 힘의 원천으로부터 해석을 해서 'B에 의해서 A가 ~되다' 라고 하지만, 어순 그대로 주어에서부터 순서대로 이해를 하면 당연히 '주어 → be → 과거분사 → 힘의 원천' 이 되어야 한다. 이렇게 힘의 연속성에 따라 주어에서부터 순차적으로 이해를 해야만, 'be + 과거분사' 뒤에 왜 전치사 **by**가 오는지도 저절로 이해가 된다.

'주어 → be → 과거분사' 가 주어에서 가해진 힘을 순서대로 그렸다면, 그 다음에는 힘이 어디서 나왔는지, 그 힘을 누가 가했는지가 나오는 건 너무나 당연한 순서 아닌가. 여기서 원어민의 사고방식 속에서 by가 어떤 의미를 가지는지 분명히 드러난다. 즉 by는 '~에 의해서' 라고 거꾸로 해석할게 아니라, 사진에서 알 수 있

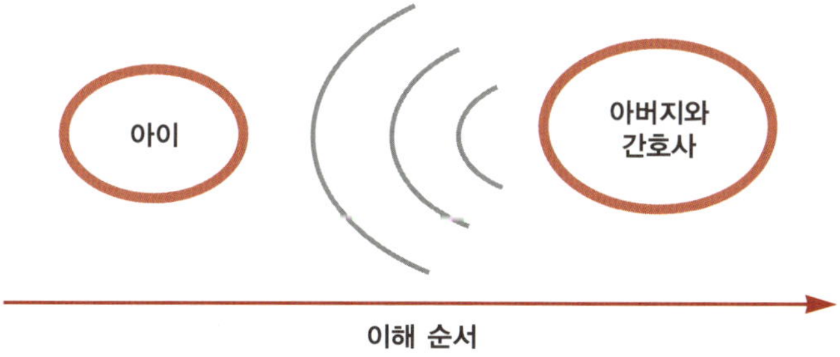

듯이 **앞에 일어난 '동작(힘)의 원천'이 무엇인지, 그걸 나타내는 것**이다. 그래서 주어인 여자아이가 잡혀 있는데 그 힘이 어디서 나왔는지를 by를 거쳐 그녀의 아버지임을 알 수 있다. 아이가 어떤 영향력 안에 있는데, 그 영향력의 원천은 아버지라는 얘기다.

● while a nurse gives her a flu shot

while은 사진에서 보면, 두 개의 그림을 이어주고 있다. 앞에 나온 그림은 아이가 붙잡혀 있는 것이고, 뒤의 그림은 간호사가 주사를 놓고 있다. 이 사이에 어떤 의미의 말이 들어가면 가장 좋을까? 단 순서대로 연결해서 말이다. "붙잡혀 있는 동안 주사를 놓았다", 즉 '동시에 일어나는 일은 ~' 이라고 하면 되지 않을까?

지금까지는 'A while B' 하면, 뒤로부터 해서 "B하는 동안, A하다"라고 했을 것이다. 하지만 계속 강조하지만 어떤 말이든 있는 순서 그대로 이해를 해야만 읽기뿐만 아니라 듣기, 말하기까지 자연스럽게 순서대로 영어가 가능해진다. **while은 동시에 일어나는 일이 무엇인지를 나타내는 신호등과 같은 말이다.** 그래서 그냥 뒤에 오는 말을 기다릴 필요도 없이 **"동시에 일어나는 일은~" 하고 다음 그림으로 순서대로 나아가면 그만이다.**

또한 give라는 단어에서는 수여동사라는 말부터 떠올릴 것이다. '주어 + 동사 + 간접목적어 + 직접목적어' 하던. 그러나 이른바 이 4형식 문장은 단지 '주어 + 동사 + 목적어'의 변형일 뿐이다. give는 '주다'로 힘을 가하는 동작이다. 제대로 된 순서는 '주어 → 동작 → 목적어' 이다. 그래서 원래 문장은 〈A nurse gives a flu shot〉이고, 주사가 누구에게 주어졌는지 그 대상을 알려주기 위해 to her가 더해졌다. 그래서 〈A nurse gives to her a flu shot〉가 된다. 그런데 여기서 '주다' 라는 말은 당연히 받게 되는 대상을 필요로 한다. 그렇다 보니 to 없이 그 대상이 나온다고 할지라도 이해하는 데는 문제가 전혀 없다. 그래서 굳이 보탤 필요 없는 to를 생략해 버린다. (이러한 생략에 대해서는 나중에 좀 더 자세히 알아보도록 하자.) 결국 〈A nurse gives her a flu shot〉와 같이 되는 것이다.

굳이 4형식이니 하면서 특별한 형식을 하나 더 만들 필요 없다. 그냥 순서대로 '간호사 → 주다 → 그녀 → 독감주사' 의 어순에서, 주는데 누군가 하면 '그녀' 하고 강조하고 다음에 당연히 와야 될 '주다' 의 목적어인 '독감주사' 를 만나면 된다. 절대로 있지도 않은 '~에게' 라는 의미를 어디서 만들어 와서는 "그녀에게 독감주사를 주다"라고 거꾸로 해석하지 마시라. 그저 간단히 암기해버리면 편할 것 같아 보이지만, 그러기 시작하면 영어 전체를 맹목적 암기의 구렁텅이로 빠지게 만든다는 점을 명심해야 한다.

● at a hospital in Toronto.

주사를 놓는 장면이 오고, 그 다음에 바로 'at+a hospital' 이 왔다. 앞에서 일어난 일들과 '병원' 과의 관계는 무엇일까? 서로 뗄래야 뗄 수 없는 밀접한 관계이다.

A가 앞에서 나온 장면들이라면 '접하고 있는 곳은' 바로 병원이다. 이제부터는 **at이 나오면 먼저 딱 붙어 있는 느낌을 받고 바로 접하고 있는 것이 무엇인지 살펴보기 바란다.**

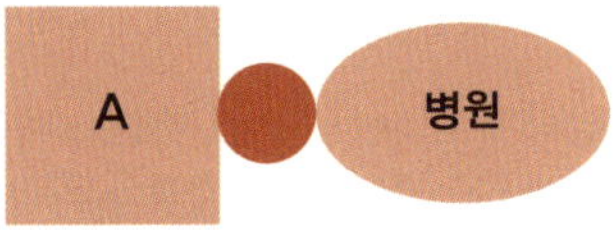

이제부터 **at의 의미는 "접점하고 있는데, 접하는 대상은~"**이라고 순서대로 이해하자.

'장소'란 늘 우리가 뭔가를 할 때에도 붙어 있는 대상이다. 그래서 at이 오고 구체적인 장소가 온다. 앞으로 나올 in과 비교해보면, at은 사람들이 발을 붙이고 서 있는 곳이 어딘지 나타내는 그림이라면, in은 '안인데 그 밖을 둘러싼 것'이 무엇인지를 나타내니 at보다는 더 넓은 장소가 된다. at a hospital과 같이 주어에서부터 순서상 'at 좁은 장소' → in 넓은 장소'가 나오게 된다. 병원에서 시작해서 지역으로 순서대로 확장되는 구조이다. 순서대로 이해해보면 '접한 대상은 → 병원 → 병원을 둘러싼 지역 → 토론토'가 된다.

Arrow Target

● 수동태

외부로부터 주어에게 힘이 미치는 이미지를 '주어 + be + 과거분사' 형태로 표현한 것. 주어가 힘을 받는 경우이므로, 주어가 그 힘(동작)을 느낄 때는 이미 그것이 종점에 도달한 시점이다. 그래서 동작의 완료를 나타내는 과거분사 형태를 사용한다.

I was shocked.
(나 → 있었다 → (받은 힘은) 정신적 충격.)

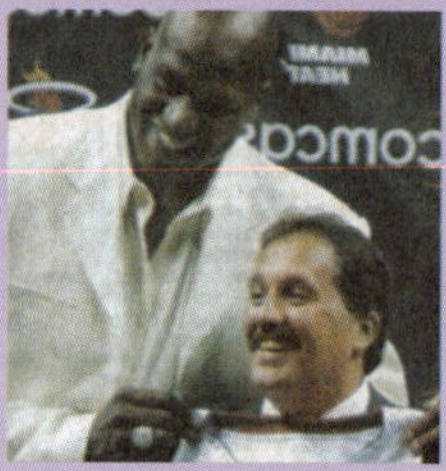

2

앞으로만 날아가는 직선적 이해의 핵심은 전치사

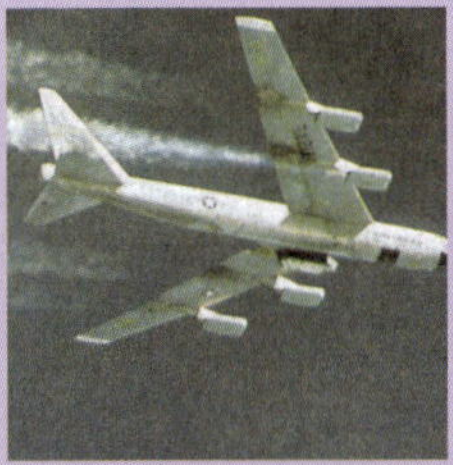

4 **화살표**가 가르쳐 주는 **전치사**의 **핵심이론**

preview
이렇게 해봐요

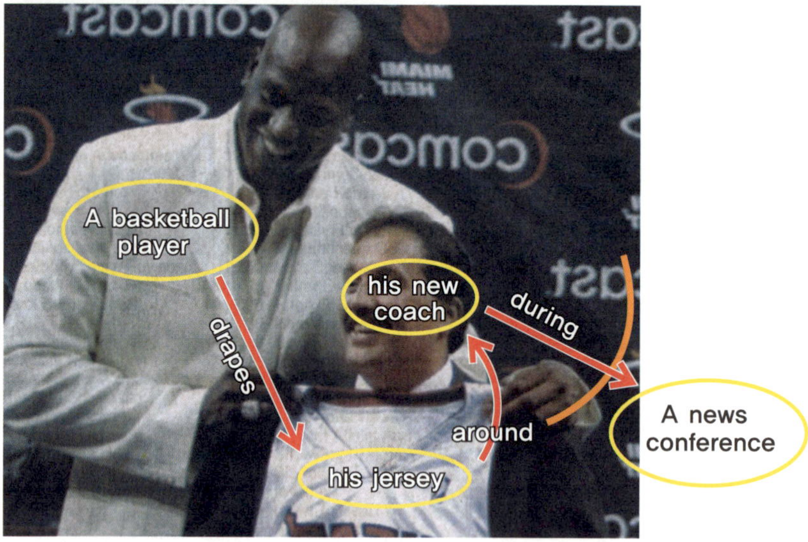

A basketball player drapes his jersey around his new coach during a news conference.

단어들을 나열된 순서대로 사진과 대조하면서 따라가 보자. 기능어들 가운데, 나머지는 다 앞에서 익혔던 것이니 눈여겨 볼 것은 around밖에 없다.

농구선수 → 걸쳐 주고 있다 → 그의 경기용 셔츠 → around → 그의 새 코치 → during → 한 기자회견

'한 농구선수' 가 주어다. 그가 지금 손으로 뭔가를 들고 앞사람에게 걸쳐주고 있다. 이 동작이 바로 drape이다. 이렇게 다소 생소한 단어가 나올 때는 무조건 사전을 들춰볼 게 아니라 문맥 속에서 그 의미를 파악하려 해보는 것이 중요하다. 낯선 단어도 사진이나 그림과 함께 영어를 배우는 경우에는, 원어민 아이들이 부모에게 영어를 배우듯이 일치되는 동작을 통해 그 말을 익히면 그만이다. 여러분들도 동일하게 한 농구선수가 하고 있는 동작을 보며 drape를 익히면 된다.

이 걸쳐주는 동작에 힘을 받는 대상은 바로 그의 경기용 셔츠인 jersey이다. 그 다음에 around his new coach가 나왔다. 기존에 around에 대해 알고 있던 생각일랑 잊어버리고 그냥 사진을 보고 이해를 시도해 보자. jersey와 his new coach(그의 새 코치) 사이에서 around가 어떤 모양새를 하고 있는가? '둘러싸고 있는 모습' 이다. 예전에 'around~' 하면 뒷말인 '~' 와 거꾸로 엮어서 '~를 둘러싸는' 이라고 했을 것이다. 그러나 사진에서 보듯이, 먼저 경기용 셔츠 jersey가 있고 그 셔츠가 둘러싸고 있는 것이 바로 '그의 새 코치' 다. 그 모습 그대로 단어들의 순서가 일치하지 않는가?

around란 단어 자체를 뜯어보아도 'a + round' 이다. 여기서 a는 어원으로 따져보면 on과 같은 의미이다. 앞의 단어가 붙어 있는 모습 자체가 round(둥글다)라는 것이다. 즉, his jersey around는 그의 경기용 셔츠가 접하고 있는 모습이 '둥글다' 라는 말이다. 그렇다면 around 다음에 오는 말은 당연히 둥근 모양에 둘러싸인 것이 와야 한다.

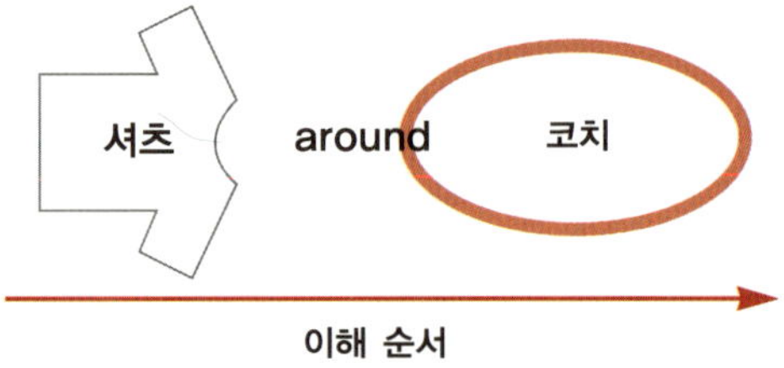

그래서 '경기용 셔츠 → 빙 둘러싸고 있고, 안쪽에 있는 것은 → 그의 새 코치' 란 순서대로의 이해가 이뤄진다. 이제부터는 around는 "빙 둘러싸고 있고, 둘러싸인 안쪽에 있는 것은~"이라고 이해하고, 간단히 "빙 둘러싸이는 것은" 이라고 해도 무방하다. 순서만 제대로 파악 된다면, 너무 특정 한국말에 집착할 필요는 없다.

● 전치사의 바른 원어민식 이해

전치사는 around에서 살펴본 바와 같이 기존에 이해하던 방식에서 180도 사고의 전환이 필요하다. 이는 필자의 억지 주장이 아니라 원어민이 바로 그렇게 이해하기 때문이다. 문제는 'A + 전치사 + B' 에서 항상 뒤의 B와 세트로 묶어 "B + 전치사" 식으로 해석해 왔다는 데 있다. 그러나 전치사는 오히려 어순대로 앞의 A가 어떤 위치에 있는지를 알려주는 말이다. 주어에서부터 가까운 순서대로 단어가 나열되는 기본 원칙을 적용해 보면, 예컨대 A의 위치가 '둘레' 라면 다음의 B에는 그 '안' 에 있는 것이 나오고, 앞 단어의 위치가 '안' 이면 그 다음에는 그 ' 둘레 '에 있는 것이 나온다. 그래서 'A + in + B' 의 의미가 "A가 안에 있고 밖에서 둘러싸고 있는 것은 B"가 되는 것이다. 또한 앞 단어가 의미하는 위치가 '위' 라면, 다음에는 '아래' 에 해당하는 말이 오게 되고, '아래' 라면 당연히 '위' 에 해당하는 말이 오게 된다.

● during a news conference

다시 본문으로 돌아가서, 이때 동시에 진행된 일은(during) 한 기자회견이다.

Arrow Target

● 전치사의 원어민식 이해

'A + 전치사 + B' : 전치사는 A와 B사이의 시공간적 위치, 방향, 움직임, 상호 영향력의 관계를 보여주는 연결고리다. 그래서 이를 해석할 때 'B + 전치사' 식으로 해서는 안 된다. 여기서 중요한 것은 어순 그대로 시점이 이동해가면서 이해해야 한다는 점이다.

예컨대 'A + under + B' 의 경우 'B 아래에 A' 가 아니라 "A가 아래이고, 위에서 덮고 있는 것은 B" 로 이해해야 된다는 말이다. 같은 상황을 말하는 것이지만, 이해의 순서가 단어의 배열순서와 일치되게 나아가야 한다는 것이다.

5 전치사는 먼저 앞 단어의 위치를 보여준다

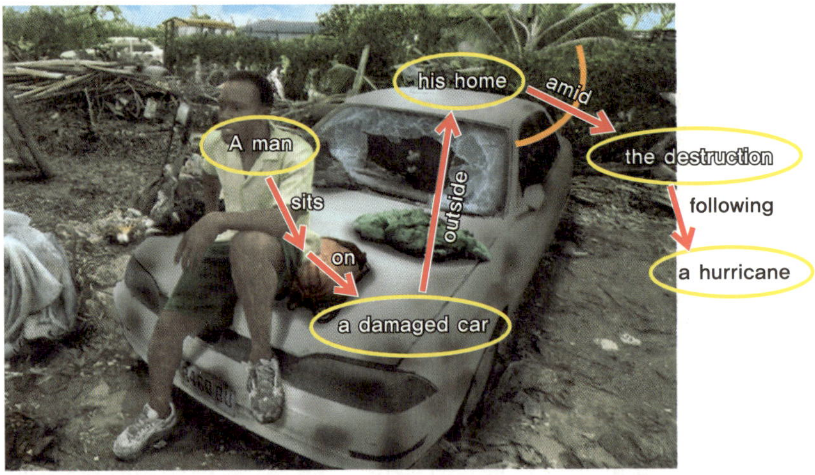

A man sits on a damaged car outside his home amid the destruction following a hurricane.

한 남자 → 앉아 있다 → on → 파손된 차 → outside → 그의 집 → amid → 파괴 → following → 허리케인.

한 남자가 앉아 있는데 **접촉하고 있는 것(on)**이 파손된 자동차이고, 위치가 **outside**이다. 이젠 "그의 집 바깥쪽"이라고 해선 안 되고, 순서대로 his home보다 outside를 먼저 이해해야 한다는 걸 알았을 것이다.

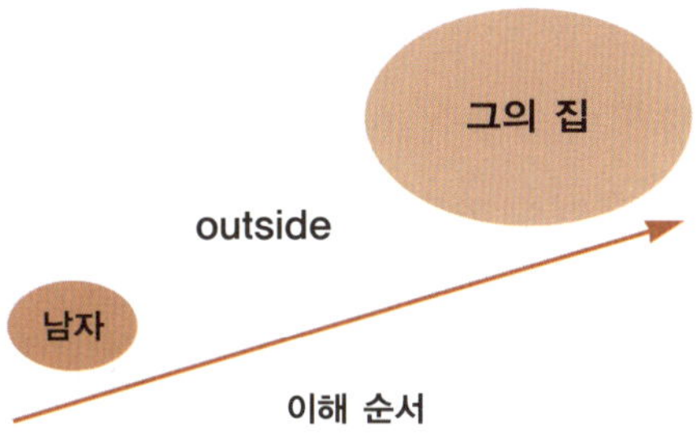

위 그림처럼 주어로부터 화살표 순서대로, 남자가 앉아 있는 위치가 '바깥쪽'이고 그 다음으로 '안쪽'이 그의 집이다. 그래서 **outside의 의미는 "(바깥쪽이고) 안쪽은~"이다.** outside는 'out+side'로, 단어 자체만 보더라도 "바깥+쪽(면)"이다. 사진을 통해 살펴보나 글자의 생김새를 보나 outside는 주어인 남자의 위치가 바깥쪽임을 알려주는 말이지, 결단코 뒤에 오는 단어와 세트로 만들기 위해 있는 말이 아니다. 그리고 outside 다음에는 영어의 '순서대로의 기본 원칙'으로 보면 당연히 '안쪽'이 나와야 한다. 바깥쪽 다음에 안쪽이 나오는 것이 너무나 당연하기 때문에 구태여 '안쪽에 있는 것은'과 같은 말이 추가로 필요 없다. 그래서 안쪽에 위치한 his home이 바로 이어진다.

● his home amid the destruction

이어지는 amid는 전치사로서 앞에 나온 his home의 위치 정보를 먼저 알려주고 있다. amid는 어원으로 풀어보면 'a+mid'다. a는 on의 의미를 가지고 있고, mid는 '중앙' 또는 '중간'의 의미이다.(mid winter는 '한겨울'이고, mid stream은 강이나 하천의 '중류(中流)'를 의미한다. 중간을 의미하는 middle도 mid에서 나온 말이다.) 그래서 amid는 앞 단어가 접해 있는 위치가 '중간'임을 알려준다.

his home amid the destruction은 집의 위치가 '한가운데'임을 먼저 나타내고, 다음에 오는 말은 주어에서 순서대로의 원칙에 따라 당연히 그 한가운데를 둘러싸고 있는 '주위'가 나오게 된다. 그래서 amid 다음의 destruction은 집을 한가운데 두고 주위를 둘러싼 것이 '파괴'임을 보여주고 있다. 이제부터 **amid는 "(한가운데이고) 둘러싸고 있는 것은~"**이라고 이해하자.

● (the destruction) following a hurricane.

following은 앞서 있었던 것이 무엇인지를 알려주는 전치사이다. 따라서 파괴가 나중이고 앞서 있었던 것은 허리케인이 된다.

자, 문장 전체를 다시 보면서, 한 남자로부터 시작해서 '차' 를 거쳐서 '그의 집' 으로 이동하고, 그 다음에 집을 빠져 나가 그 전반을 둘러싸고 있는 '파괴' 의 현장을 보고, 그 파괴를 가져온 먼저 있었던 '허리케인' 을 만나는 사고의 연속성을 느껴보자.

6 / 전치사를 사이에 둔 양자의 관계는 항상 상대적

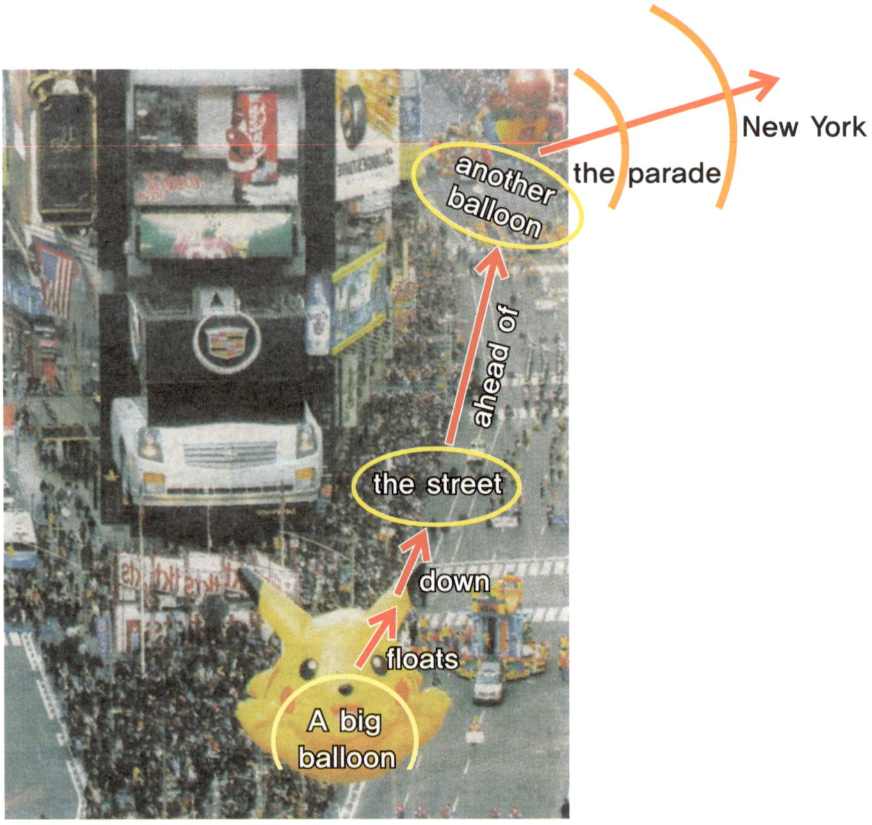

A big balloon floats down the street ahead of another balloon during the parade, New York.

큰 풍선 ➜ 두둥실 떠간다 ➜ down ➜ 거리 ➜ ahead of ➜ 다른 풍선 ➜ during ➜ 퍼레이드 ➜ 뉴욕.

지금 한국말로 매끄럽게 해석하는 데 너무 집착하지 마시기 바란다. **우리에게 필요한 건 '원어민식 이해'이지 잘된 '번역'이 아니다.**

● A big balloon floats down the street

피카추 인형 모양의 큰 풍선이 주어다. 그 풍선이 지금 두둥실 떠간다. 그리고 바로 전치사 down이 이어졌다. 이 down 역시 뒤에 나온 '거리'와의 관계보다는 앞에 나온 '풍선'의 위치에 대해 알려주는 말이다. '풍선'이 떠가는데 그 방향이 '아래로'란 의미이다. 내가 지금 풍선을 들고 어떤 거리를 아래로 내려가고 있다고 생각해보라. 그럼 상대적으로 위로 지나가는 것처럼 보이는 것이 거리 아닌가. 그렇게 피카추 풍선이 아래로 떠가는데, 그 위로 지나가는 것처럼 보이는 것이 바로 '거리'인 것이다. 이로써 **down의 의미는 "(아래이고) 위로 지나가는 것은~"이다.** '풍선 → 떠간다 → (아래이고) 위로 지나가는 것은 → 거리', 이렇게 되는 것이다.

그렇다면 반대로 up도 한번 생각해보자. up은 down과 반대이니, 앞에 있는 말의 방향이 '위로' 라는 것을 알려주며, 그 다음에 나오는 말은 '아래로 향하는 것'에 해당한다. 그래서 **up의 의미는 "(위이고) 아래로 지나가는 것은~"이다.**

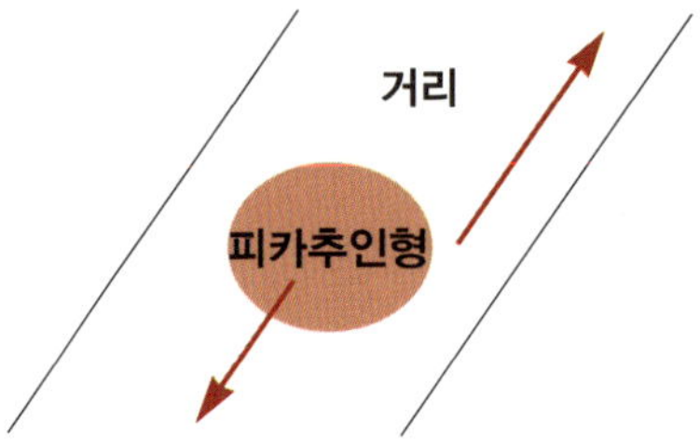

● ahead of another balloon

"다른 풍선 앞에"가 결코 아니다. 사진을 봐도 피카추 모양의 큰 풍선이 앞에서 떠가고, 뒤에 따라오는 것이 '다른 풍선' 아닌가.

ahead는 'a+head' 로, a에는 앞서도 말했듯이 on의 의미가 있으며 head는 머리이다. 그러니 ahead는 접한 면이 머리라는 의미가 된다. 피카추 풍선이 접한 면이 바로 머리쪽이고, 밀접한 관계를 나타내는 of를 거쳐 머리 다음에 당연히 나와야 할 몸통에 해당하는 곳에 위치한 것이 another balloon이다. 그래서 **ahead of는 "뒤에 오는 것은~"**이라고 이해하고, 다음 단어로 넘어가면 그만이다.

이 사진의 시작점은 피카추 풍선이다. 문장의 흐름을 다시 살펴보면, '큰 풍선'이 두둥실 떠간다. 방향은 '아래쪽' 이고, 지나가는 곳은 '거리' 이다. 그리고 시선을 뒤로 돌려 뒤따라오는 '또 다른 풍선' 을 본다. 그리고 더 넓게 주위를 살펴보니 진행되고 있는 행사가 '퍼레이드' 이고, 더 밖으로 나가보니 그곳이 '뉴욕' 이더라.

7 어원으로 본 전치사의 원어민식 기본 개념

preview
이렇게 해봐요

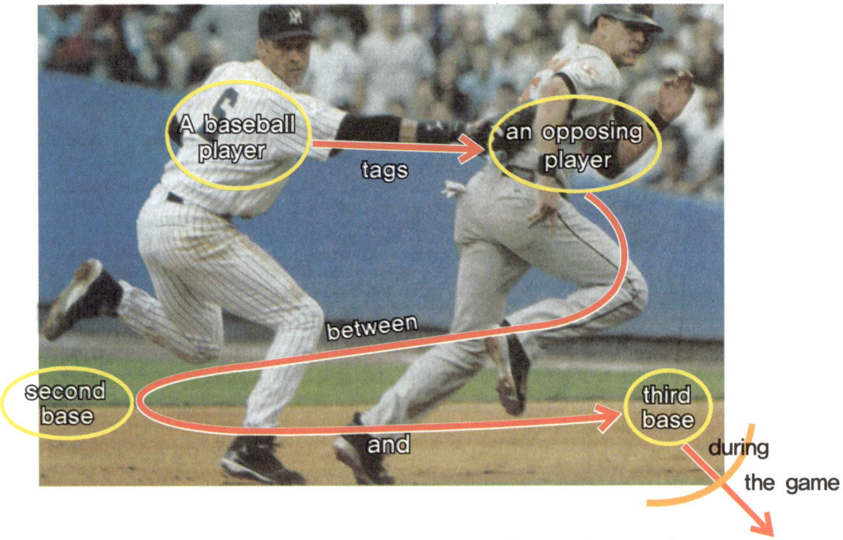

A baseball player tags an opposing player between second and third base during the game.

야구 선수 → 터치아웃하다 → 상대편 선수 → between → 2루와 3루 베이스 → during → 게임.

사진의 왼쪽에 있는 선수가 손을 뻗어서 터치아웃을 하고 있으며, 그 손길을 피해서 아웃이 안 되려고 필사적으로 도망가고 있는 사람이 사진 오른쪽 선수이다. 그러고 나서 between이 등장했다. 여기서 대한민국에서 영어를 배운 사람이면 누구나 다 '~와, ~ 사이에' 라고 바로 튀어 나올 것이다. 그러나 야구를 한번이라도 본 적이 있다면 상식선에서 between에 대한 원어민 감각을 찾아보자.

야구 경기에서 주자가 주루 플레이를 하려고 왔다 갔다 하다가 잘못해서 투수나 포수가 던진 공에 아웃 당하는 장면을 생각해보자. 그때 아웃 당하는 선수의 위치는 어디일까? 바로 '사이' 이다. 바로 이 지점이 between이다. between은, 오른쪽의 선수가 있는 위치가 '사이' 라는 것을 말해주므로 뒤에 와야 할 말은 당연히 그 '양 옆' 의 것들이다. 그 양 옆에 있는 것들이 '2루와 3루 베이스' 인 것이다.

● an opposing player between second and third base

항상 주어의 입장에서 가장 주요한 관심사는 주어의 위치가 어디냐이다. 아래 그림에서 주어의 위치는 바로 '사이에 끼여 있다' 는 것이다. **양편에 있는 것이 무엇인지를 알기 전에 이미 어디 사이에 있다는 것을 먼저 느끼고 있는 것이**

다. 그러고 난 뒤 양쪽에 존재하는 것의 정체를 알게 되는 순서이다.

어원을 따져보면, 이는 더욱 분명해진다. between은 'be+tween' 이다. tween은 twin(쌍둥이)과 비슷하게 생겼다고 생각되지 않는가? 바로 어원이 'two' 이다. 그리고 여기서 be는 by를 의미한다. by는 앞 단어가 '영향권 안에 있는데 그 영향의 원천은~' 이었음을 상기해보자. 그러니 between은 앞 단어가 뭔가의 '사이' 에 위치해 있는데, 그 양 옆에서 영향을 주고 있는 원천 두 가지가 무엇인지를 기다리는 말이 된다. 간단히 **between은 "양쪽에 있는 것은~"이라는 의미**로 이해를 하면 된다.

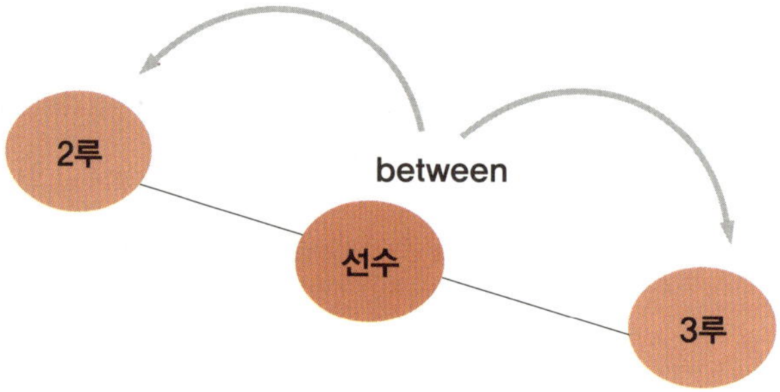

전체 동선을 살펴보자.

사진 왼쪽에 보이는 '선수' 가 '터치아웃' 을 하고 있다. 아웃이 되는 사람은 오른쪽의 '상대편 선수' 이다. 그리고 그 선수가 아웃되는 지점 양쪽을 보니 '2루와 3루 베이스' 가 있고, 그때 진행되고 있는 것은 '경기' 이다. 매끄러운 한국말 번역이 없다고 이해에 문제가 있으신가?

Arrow Target

● 영어의 추상적 의미는 물리적 의미의 발전

추상적 의미는 물리적 의미로부터 나온 것이다. 따라서 추상적 의미 또한 물리적인 시 · 공감각을 적용하면 쉽게 표현할 수 있다.

Tom made something between a chair and a sofa.
(탐 → 만들었다 → 어떤 것 → 양쪽은 → 의자와 소파.)
탐이 만든 뭔가가 의자와 소파 사이에 있다는 말도 되겠지만, 추상적 의미로 확대시켜 보면, 만든 것의 모습이 도대체 의자인지 소파인지 분간하기 어려운 것이라는 뜻도 될 수 있다.

My teacher has been around the school for thirty years.
(나의 선생님 → 있어왔다 → 둘러싸인 것은 → 학교 → 기간은 → 30년.)
나의 선생님이 단순히 위치적으로 학교를 둘러싸고 있는 것일 수도 있으나, 학교에서 30년 동안이나 근무하고 있다는 추상적 의미도 가능하다.

8 화살표만 따라가면 완성되는 전치사의 방향감각

Hot air balloons float above buildings and trees during the annual balloon festival in Australia.

문장을 보고서 문법적으로 이리저리 따지려 하지 말고, 일단 주어가 무엇인지를 파악하고 사진상에서 순서대로 이해하려고 해보시라. 문법이란 원래 의사소통을 위해 만들어진 것이지 문법 자체를 위해 존재하는 것이 아니다.

preview
이렇게 해봐요

뜨거운 공기 풍선들(열기구들) → 떠 있다 → above → 건물들과 나무들 → during → 연례 풍선 축제 → in → 오스트레일리아.

● Hot air balloons float above buildings and trees

열기구들이 떠있다(float), 다음에 나오는 단어가 above란 전치사다. 일단 기존에 알고 있는 above의 의미는 머릿속에서 들어내시라. 그리고 언어란 눈에 보이는 장면과 사실을 설명하고 전달하기 위해 존재한다는 점과, 영어는 주어에서부터 순서대로라는 것을 기억하자.

먼저 열기구들이 있고, above가 있고, 건물들과 나무들이 있다.

주어인 열기구들 입장에서 above를 거쳐 건물들로 시선을 옮겨보면, above의 의미는 순서상 '아래 있는 것은~' 이 될 수밖에 없다. 기존의 '~ 위에' 하던 것과는 정반대의 의미가 되고 만다.

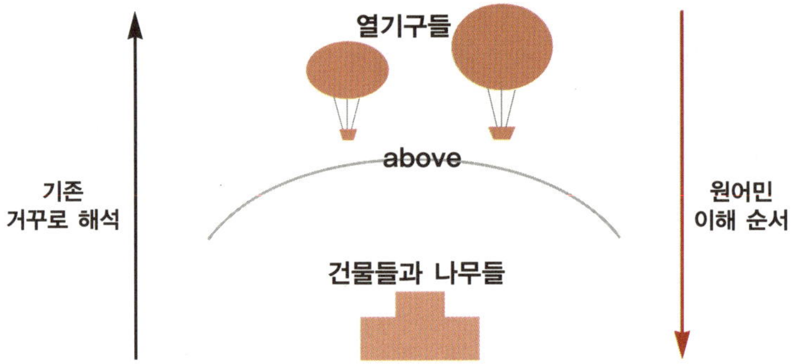

왜 그럴까? 바로 바라보는 시각 차이 때문이다. 이해 순서의 차이다. 계속 강조하고 있지만, **전치사는 뒤에 나오는 말과 한 쌍을 이루어 거꾸로 해석하는 말이 아니라 앞에 나오는 말과 먼저 이어져 있는 말이다.** 즉, 앞에 나오는 말과의 관계가 우선 이해되어야 한다. 그래서 above는 바로 앞에 나온 hot air balloons의 위치가 '위' 임을 나타낸다. 그런 뒤, 그 아래에 있는 것을 언급하는 것이다. 그 아래에 있는 것이 바로 buildings and trees이다. 결국 **above의 바른 의미는 '(위이고) 아래에 있는 것은~' 이다.**

사진에서 보면, 먼저 뜨거운 '공기 풍선들(열기구들)' 이 떠 있다. 하늘 위에 두둥실 떠 있는 풍선 아래에 보이는 것들은 '건물들과 나무들' 이며, 이때 진행되고 있는 행사는 '연례 풍선 축제' 이다. 개최 장소는 '오스트레일리아' 이다.

Arrow Target

같은 상황을 말하는 것이지만, 이해 순서의 차이는 크다. 어순과 동일한 방향과 순서로 이해도 따라가게끔 해석이 이뤄져야 듣기, 말하기, 쓰기, 읽기가 한몫에 해결되는 토탈 잉글리시가 가능하다.

● A + above + B : A가 위이고, 아래에 있는 것은 B

The airplane flies above the city.
(비행기 → 날다 → 아래는 → 도시)

The book is above my son.
(그 책 → 이다 → 아래에 있는 것은 → 나의 아들.)
책이 있는 위치가 '위' 이고 그 '아래' 에 나의 아들이 있다는 위치관계를 보여주고 있다. 물론 이는, 그 책이 내 아들이 읽기에는 너무 수준이 위이라서 즉, 벅차서 이해를 못한다는 추상적 의미로도 가능하다.

9 / 앞으로 날아가는 **화살표**를 따라 **확대되는 시야**

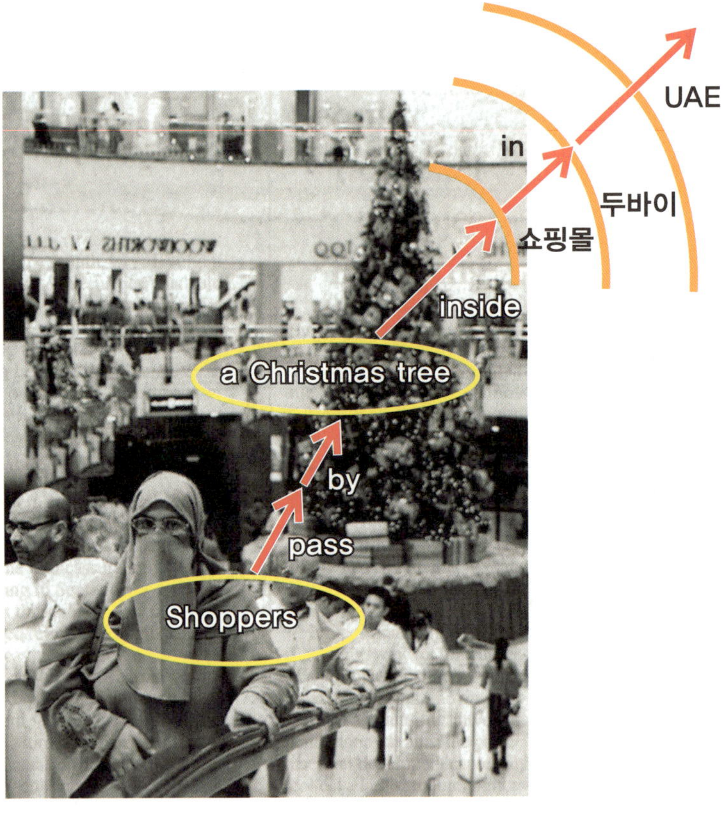

Shoppers pass by a Christmas tree inside a shopping mall in Dubai, UAE.

preview
이렇게 해봐요

쇼핑객들 → 지나가다 → by → 크리스마스 트리 → inside → 쇼핑몰 → in → 두바이 → UAE

주어인 쇼핑객들이 보이는가? 그 쇼핑객들이 하는 동작은 '지나가다' 이다. 그리고 by가 오고 a Christmas tree가 왔다. 사진에서 보면, 쇼핑객들이 지나가고 있는데 근처에 있는 것이 하나의 크리스마스트리이다. by는 앞에서 이해한 바대로 '힘의 영향권' 이란 기본 의미를 적용하고 보면, 문장 내에서 "근처에 있는데 그 안쪽에는 ~" 이라는 구체적인 의미로 파악될 수도 있다.

● inside a shopping mall

먼저 사진에서 '크리스마스트리' → inside → 한 쇼핑몰' 의 순서를 통해, inside의 의미를 파악해보자. 나무가 안쪽에 있고, 그 바깥을 둘러싸고 있는 것이 쇼핑몰이다.

inside는 **'in+side'**, 즉 '안+쪽(면)' 이다. in의 기본 개념인 '안' 에다 '면' 을 덧붙여 강조한 것이다. 그래서 inside는 앞에 나온 크리스마스트리가 '안쪽' 에 있다는 것을 보여 주며, 그 다음에 나오는 말은 순서대로 그 안을 둘러싸고 있는 전체인 "한 쇼핑몰"이 되는 것이다.

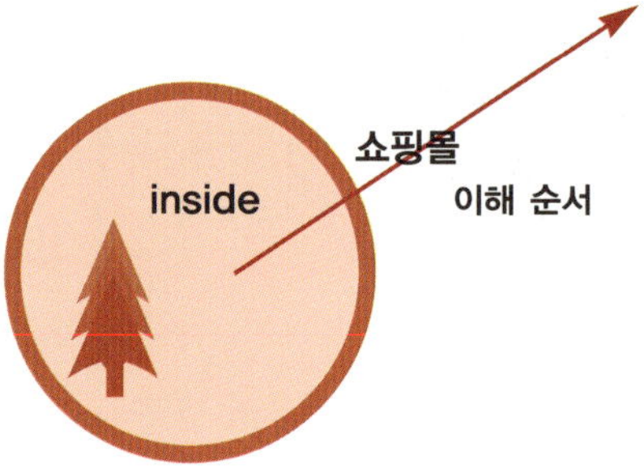

● in Dubai, the United Arab Emirates(UAE)

이어지는 이 말은, 쇼핑몰에서부터 확장해 나가는 구조이다. '쇼핑몰' 다음에 그 쇼핑몰이 위치한 '두바이'가 오고, 그 다음에 두바이가 속한 국가인 'UAE'가 왔다. 장소가 '쇼핑몰 → 두바이 → UAE' 순서로 확장되고 있다. 간단한 문장이지만, 전치사에 대한 기본 개념과 장소의 확장 개념을 통해 영어식 사고방식을 익히는 데 더할 나위 없는 좋은 예문이다.

자, 여러분이 지금 책상 위에 앉아 읽고 있는 이 책에서부터 시작하여 시야를 점차 확대해가는 식으로 영어 문장을 한번 만들어보자. 주어로부터 순서대로 확장해 나가는 영어식 사고를 그대로 따라가면 된다.

The book is on the desk로 시작해보자. 책상이 놓여 있는 주위를 보니 '나의 방' 이다. 더 나아가보니 그 방이 '3층' 에 있다. 그리고 그 방이 속한 곳은 '하숙집' 이다. 그 하숙집은 '신촌' 에 자리하고 있고, 신촌은 서울에 속한다.

전체를 영어 문장으로 만들면,

The book is on the desk inside my room on third floor of the boarding house at Sinchon in Seoul, Korea.

10 접하는 대상보다 먼저 접촉면을 느낀다

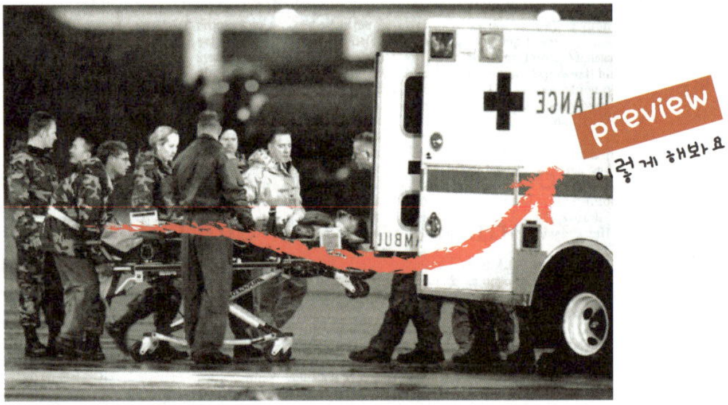

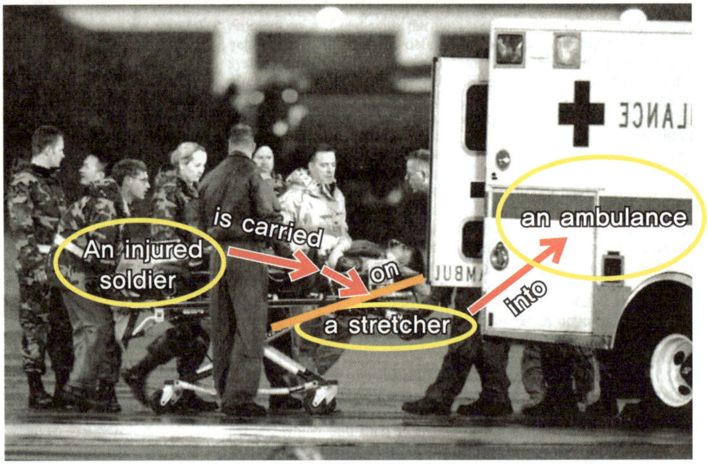

An injured soldier is carried on a stretcher into an ambulance.

한 부상당한 군인 → 옮겨지다 → on → 들것 → into → 구급차.

주어는, 지금 산소 마스크를 쓰고 누워 있는 부상당한 군인이다. 그 병사가 'be + carried' 로 힘을 받고 있다. 앞부분에서 이미 배운 내용(제3장 수동태 참조)을 기억할 것이다. 이렇게 **주어 다음에 동사가 나올 경우 먼저 '힘을 가하는지' 또는 '힘을 받는지' 를 파악하는 것이 중요하다.**

그렇게 한 군인이 carry하는 동작을 받는 상황에서 on a stretcher가 이어지고 있다. 이 on a stretcher를 "들것에"라고 하지 말아야 한다는 데 주의하여, 사진을 통해 앞에 나온 말에서부터 순서대로 on의 개념을 살펴보자. on이 부상당한 군인과 들것 사이에 있다. 순서대로 보면 누워 있는 그 군인의 온몸은 막바로 들것과 만나는 게 아니다. 잘 따져서 생각해보자, 그의 몸은 어떤 접하는 면을 거쳐서 들것과 만나게 되는 것 아닌가. 바로 그 **접촉면을 의미하는 것이 on**이다. 주어에서부터 순서대로 단어가 나열되는 원칙을 적용하면 이렇게 on이 들것보다 먼저 인지되고 해석되어야 함은 당연하다.

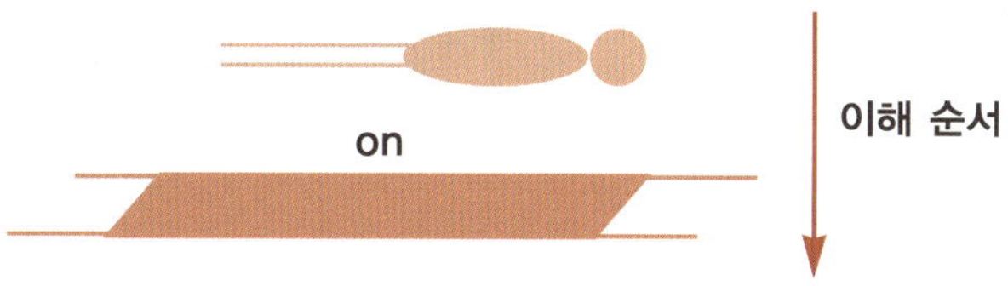

이제부터는 **on**이 나오면 **"면을 접하고 있는데 그 대상은~"** 하고서 다음

말을 기다리면 된다. 그래서 부상당한 병사가 이송이 되는데, 누워 있는 곳이 바로 '들것' 이다.

● a stretcher into an ambulance

들것과 구급차 사이의 into는 그냥 사진만 보아도 무슨 의미인지 알 것 같지 않은가? 들것이 '안쪽으로 죽 들어가고, 그 들어가는 영역' 이 바로 구급차 아닌가. 이렇게 **into의 의미는 "안으로 들어가 보니~"**라고 새기면 된다.

우리말로 어떤 해석이 더 매끄러운가를 따질 게 아니라, 어떻게 이해하는 것이 단어가 배열된 어순대로 이해해가는 방법인가가 중요하다.

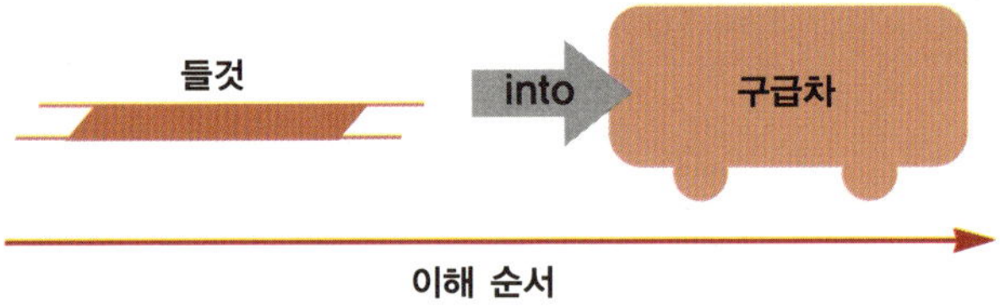

먼저 동작의 방향인 into가 나오고 그 방향의 목적어인 '구급차' 가 등장하고 있다. 절대로 구급차가 먼저 등장해서 "구급차 안으로"라고 해석하지 말기 바란다. 해석은 될지 모르나 결코 영어식 이해는 아니다. 이렇게 해서는 토탈 잉글리시가 될 수 없고, 따로국밥식 영어가 될 뿐이다. 회화 따로, 청취훈련 따로, 독해 따로, 영작 따로, 문법 따로….

이제 다시 전체 그림을 죽 훑어보도록 하자. 한 '부상당한 군인'이 옮겨지고 있다. 누워 있는 곳이 '들것'이고, 그 들것이 이동해서 안으로 들어가는 대상인 '구급차'를 만난다.

11

화살표가 지나가면 **자취**가 **남는다**

A container ship sails past a shipyard along the river in Shanghai, China's business capital.

여러 번 강조하지만, 잘 모르는 전치사나 단어가 나와도 포기하지 말고 사진과 함께 죽 순서대로 맞춰가다 보면 전체적인 의미를 이해하는 데는 큰 지장이 없다. 우리도 한국말로 된 신문을 읽거나 방송을 볼 때 모든 단어의 뜻을 100% 다 알고 있지 못하더라도 전체 의미를 이해하는 데는 별 문제가 없듯이 말이다. 새로 나온 시사용어 몇 개의 뜻을 모른다고 해서 우리가 뉴스를 못 알아듣는가?

한 컨테이너선 → 운항하다 → past → 한 조선소 → along → 강 → in → 상하이 → 중국의 상업적인 수도.

● A container ship sails past a shipyard

'한 컨테이너선'이 주어다. 사진의 아래쪽에 보이는 선박이다. 이 배가 sails(항해하다)하고 있다. 이어지는 단어가 past인데, 이를 그 뒤의 a shipyard(조선소)와 함께 "한 조선소를 지나서"라고 이해하지 말 것, 절대로. 영어는 원어민이 지닌 사고방식의 눈으로 봐야 한다.

자, 다시 차근차근 단계별로 순서를 밟아가보자. 배가 있고, 그 배가 움직이고, 그러고 난 다음에 past하고 이어진 게 '조선소' 아닌가.

a shipyard로부터 다시 past로 거꾸로 거슬러오는 식의 이해는 금물이다. 단어가 나열되어 있는 순서, 주어에서 인지되는 순서대로 먼저 past를 이해하고 나서 조선소로 넘어가야 한다. past는 배가 움직이는데 뭔가를 지나가고 있는 상황을 설

명하는 것이다. 그 지나가는 대상이 바로 조선소인 것이다. 따라서 **past의 의미는 "지나가는데 그 대상은~"**이라고 이해하고, 다음 말을 기다리면 된다.

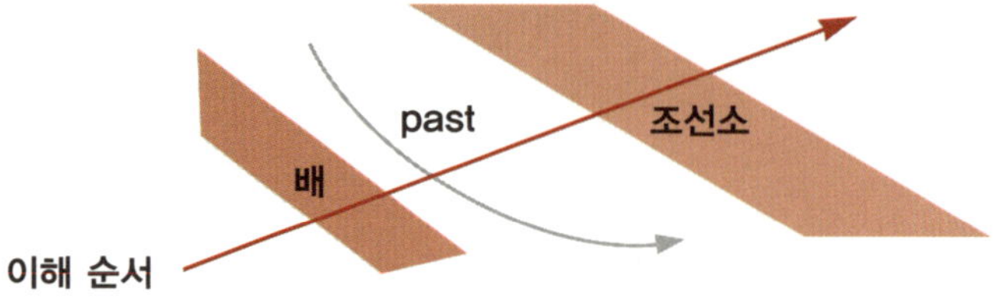

● along the River

배가 운항을 하면서 지나치는 것이 조선소이고, 이어 along과 '강'이 등장했다. 조선소와 강과의 관계는 무엇일까? along의 뜻을 영한사전에서 찾아보면 "~을 따라서"라고 되어 있을 것이다. 어떻게 표현하면 더욱 더 자연스런 한국말이 될

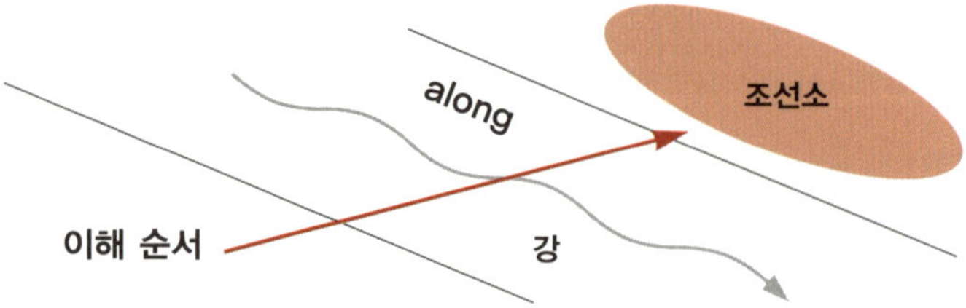

까? 하는 고민의 측면에서는 도움이 될지 모르나, 이는 결코 원어민이 사고하는 방식대로의 이해는 아니다. along의 개념 자체를 사진 속에서 찾아내보자.

along은 **'a+long'** 이다. long은 '길다' 란 의미이다. 눈치 빠른 독자는 이해했겠지만, along은 앞의 조선소가 위치하고 있는 그 자취가 long하단 얘기다. 그런 다음에 이어질 말은 뭘까? 당연히 순서대로 보면, 긴 것에 잇대어 있는 뭔가가 와야 하지 않겠는가. 그게 바로 the river인 것이다. 이제부터는 '~을 따라서' 가 아니라, **along하면 앞에 나온 단어의 자취가 "죽 이어져 있는데, 그 대상은~"** 하고서 다음 말을 기다리도록 하자.

12

화살표를 따라 **주~욱** 이어지는 **영어**의 연속적인 **흐름**

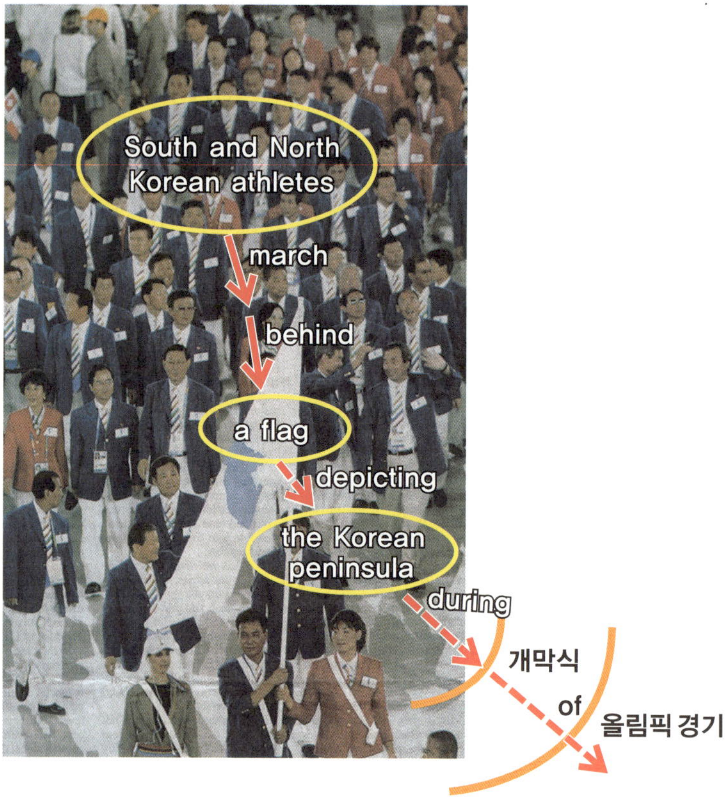

South and North Korean athletes march behind a flag depicting the Korean peninsula during the opening ceremony of the Olympic Games.

사진 아래의 문장을 보지 않고, 사진만 보고 있다면 여러분들은 이 장면을 어떻게 표현할까? 눈에 보이는 대로 다양하게 이런저런 얘기들을 할 수 있겠지만, 그걸 영어로 해보라고 하면 갑자기 답답할 것이다. 하지만 영어 단어를 몰라도 좋으니, 한국어 단어를 가지고 영어식으로 한번 해보라고 하면 어떨까?

preview
이렇게 해봐요

남북한 운동선수들 → 행진하다 → behind → 깃발 → 묘사하다+ing → 한반도 → during → 개막식 → of → 올림픽 경기.

이건 여러분이 영어 단어들을 부지런히 익히기 전에 먼저 해결해야 할 부분이 무엇인지에 대한 힌트다. 즉, **주어가 일단 무엇인지 결정되면 그 다음부터는 주어에서 가까운 것부터 차례대로 기술하는 영어의 사고방식을 따라 한국어 단어만 갖고도 영어어순에 대한 원어민식 이해방식을 익힐 수 있다.** 지금 바로 그러한 훈련을 하고 있는 것이다.

● **South and North Korean athletes march behind a flag**

사진에서 보듯이, 주어인 남한과 북한 운동선수들이 지금 하고 있는 동작은 march(행진)이다. 그러고 난 뒤 behind란 전치사가 등장하고, 이어서 a flag(깃발)이다. 변함 없는 원칙 '순서대로의 이해' 를 시도해보자.

'남북한 운동선수들 → 행진하다 → 함께 → behind → 깃발'.

behind는 선수들의 행진과 그 맨 앞에서 나부끼는 깃발 사이를 이어주는 연결고리이다. 바로 이 순서를 그대로 따라가보면, behind를 우리가 기존에 알고 있던 "~ 바로 뒤에"라는 의미로 해서는 단번에 뭔가 거꾸로 되었음을 알 수 있을 것이다. behind는 'be+hind' 로, '존재하다+뒤쪽' 이란 의미이다.(hind는 '뒤쪽' 이란 뜻으로, 그래서 the hind legs은 동물의 '뒷다리', the hind wheels은 '뒷바퀴' 가 된다.)

이처럼 전치사 behind는 먼저 나와 있는 단어의 위치가 뭔가의 '바로 뒤' 임을 말해주는 것이니, 그렇다면 그 '바로 앞' 은 뭔가 하는 게 다음으로 이어지지 않겠는가. 그래서 주어인 남북한 선수들의 입장에서 바라보면, 자신들은 behind라는 연결고리의 '바로 뒤' 에 있고 그 연결고리의 '바로 앞' 에 있는 것은 "하나의 깃발"이 아니겠는가. 정리하면, 뭔가의 뒤인데 그 바로 앞에 있는 것을 보여주는 **behind는 "바로 앞에는~"이라는 의미**로 간단히 이해해둬도 상관없다.

전치사는 물리적인 의미에서 발전하면 추상적인 의미까지 다 감당할 수 있게 된다.

behind는 바로 앞에 있는 것이 '수준'이나 '시대'가 되어 수준이 뒤떨어지거나 시대에 뒤떨어지거나(behind the times), 바로 앞에 있는 것이 '제시간'이 되어 제시간보다 늦다거나(behind the schedule) 등과 같이 추상적인 의미로도 사용이 된다.

● depicting the Korean peninsula

'~ + ing'의 형태 역시 지금껏 해온 방식대로 하면 어려울 것 없다. 뒤에서 '말늘리기' 파트에서 충분히 설명하겠지만, **명사 다음에 '동사 + ing'가 따라올 경우는 복잡한 문법사항 따질 것 없이 명사에 이어져서 부가적인 설명이 진행된다고 보면 된다.** depict에다 ing을 붙인 것이 좀 생소하겠지만, 깃발이 주어가 되어서 다시 '동사 → 목적어'의 순서로 이어지는 기본적인 구성이 계속 진행된다고 여기시라. '깃발'을 자세히 들여다보자. 깃발 안에 지도가 그려져 뭔가를 나타내고 있지 않은가? 그러니까 a flag가 주어가 되어서 어떤 동작(depict)을 하고 그 동작의 대상(the Korean peninsula)이 이어진, 즉 '주어(깃발) → 동사(묘사하다) → 목적어(한반도)'의 기본 단위가 진행되고 있는 데 불과하다. 이렇게 영어 문장이 길어지는 것 같아도 '주어 + 동사 + 목적어'의 기본 단위가 여러 개 연결되는 것임을 알아두면 영어가 훨씬 단순하다고 느끼게 될 것이다.

그런 뒤, 이때 동시에 일어나고 있는 일이 개막식(the opening ceremony)이며, of를 사용해서 개막식과 밀접한 관련이 있는, 즉 본 행사가 '올림픽 경기'임을 말하고 있는 것이다.

'남북한 운동선수들'로부터 시작해서 그들의 움직임을 따라 '행진'하고, 앞에 있는 '깃발'을 만나고, 그리고 깃발 속으로 들어가 '한반도 모양'을 보고, 그리고 시선을 밖으로 돌리니 진행되는 행사가 '개막식'이고, 개막식이 속한 전체를 보니 '올림픽 경기'이다. 순서로 죽 이어지는 영어의 연속적인 흐름을 확인하자. 이런 게 바로 영어식 사고에 익숙하게 되고 여러분의 영어 근육이 길러지는 과정이다.

Memo

13/ **원어민**의 **개념**과 **반대로 이해**되어 온 **전치사**

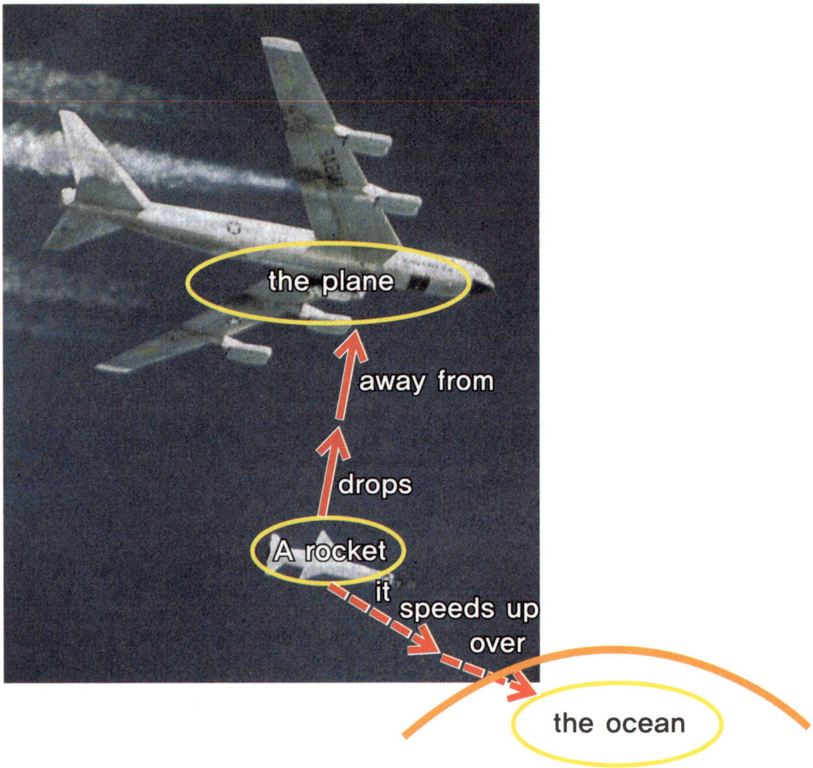

A rocket drops steadily away from the plane before it speeds up over the ocean.

preview
이렇게 해봐요

영어를 제대로 하는 방법이 어려운 것이 아니라 새로운 방법을 받아들이기가 힘들어 영어가 제대로 안 되는 경우가 많다. 다들 예전에 해왔던 것에서 벗어나면 왠지 불안하기 때문이다. 그러나 그렇게 해서 여러분의 영어가 어떤가 말이다. 하지만, 이 새로운 원어민 방식을 받아들여 익숙해지기만 하면 여러분의 영어는 아래 문장에 나오는 로켓처럼 빠른 이해 속도와 듣기, 말하기, 쓰기까지를 한꺼번에 공략하는 다목적 전천후 로켓으로 변신하게 될 것이다.

한 로켓 → 하강하다 → 서서히 → away → from → 비행기 → before → 로켓 → 가속하기 → over → 바다.

● A rocket drops steadily away from the plane

주어인 한 대의 로켓이 drop하고 있는데, 그 속도가 steadily라는 설명 뒤에 away가 왔다. away는 '~로부터 떨어져'라는 의미가 아니다. 사진으로 눈길을 돌려보면, 아래쪽에 하얀 작은 비행 물체가 로켓이다. 비행기에 붙어 있던 로켓이 아래로 점점 더 멀찍이 떨어져 내리고 있는 상황이다.

away는 어원상으로 보아도 **'a+way'**로, 즉 on+way의 의미이다. 그러니 앞에서 배운 on(=a)을 생각해보면, 로켓이 붙어 있던 way에서 점점 더 멀리 떨어져 내리고 있지 않은가. 이처럼 away는 뒤에 어떤 말이 오든 먼저 앞 단어의 위치가 '멀리 떨어져 있음'을 나타낸다.

따라서 away의 의미가 '멀찍이 떨어진'이라고 제대로 알면 당연히 그 떨어져 나온 출발점이 어디인지를 나타내는 from이 그 다음에 이어질 수밖에 없음을 알 수 있을 것이다.

She was far away from home.

(그녀 → 있었다 → 멀찍이 떨어진 → 출발점은 → 집.)

● before it speeds up

before는 우리 뇌리에 '~ 전에/앞에'라는 의미로 꽉 박혀 있을 것이다. **before**는 **'be+fore'**로, fore는 '앞'을 뜻한다. 즉, 먼저 나와 있는 단어가 있는(be) 위치가 앞(fore)이란 말이다.('fore+head'는 앞머리, 즉 '이마'를 뜻하게 되고, 'fore+arm'은 앞팔, 즉 '팔뚝'이 되며, 'fore+cast'는 앞에서 던지는 것이니 '예상하다'는 뜻이 되어 '일기예보'에도 쓰인다.) 따라서 **before는 "(앞이고) 뒤에 있는 것(일)은~"이란 의미**이다. 이를 사진에 나타난 상황에 대입해보자. '앞서 벌어진 일 → before → it(로켓) speed up'이다. 로켓이 하강하고 난 뒤에 일어날 일이 바로 가속하는 일이란 얘기다. 시간상으로 뒤에 있는 일이란 바로 미래에 있을 일 아닌가. 따라서 before it speeds up 는 "뒤에 일어날 일은 로켓이 가속하는 일(speed up)로 이해하면 된다.

● over the ocean

앞 상황은 모두 하늘에서 벌어지는 일이다. 그러고 나서 '바다' 가 언급되고 있으니, 당연히 바다는 '아래' 에 있지 않겠는가. 따라서 over the ocean은 "아래에는 바다"란 의미가 된다. 그런데 이렇게 하고 보니 기존 방식으로 할 때의 "바다 위에는"과 정반대가 되었다. 이처럼 **원어민식 이해방식에는 기존에 학습해왔던 단어의 개념들과는 정반대로 뒤집혀지는 게 적잖다.**(over에 대해선 뒤에 따로 자세히 다루도록 하겠다.)

전체를 다시 정리하면, 주어는 한 로켓이다. 주어가 취하는 동작은 '하강하다' 이고, 그 하강하는 속도가 '서서히' 다. 그렇게 해서 '멀리 떨어지게' 된다. 그보다 먼저 일어난 일은 '분리' 인데, 출발점이 '비행기' 이며, 그런 뒤에 일어날 일은 '가속하는 것' 이다. 그리고 그 아래를 보니 '바다' 이다.

14

거꾸로 가는 해석영어의 대표 until도 화살표만 따라가면 바로 잡힌다

preview
이렇게 해봐요

Many apartments are lit up until early morning as people watch Olympic games on television.

많은 아파트들 → 불 밝혀지다 → until → 이른 아침 → as → 사람들 → 보다 → 올림픽 경기들 → on → 텔레비전.

주어는 사진에서 정면으로 보이고 있는 많은 아파트들이다. 다음에 'be +lit(light의 과거 분사형)' 가 이어져 있다. light가 '불 켜다' 인데, be lit로써 주어가 힘을 받는 형국이니 Many apartments are lit up은 "많은 아파트들이 불 켜지다"가 된다.

● until early morning

자, 이젠 until을 '~까지' 라고 해서는 안 될 거라는 짐작이 들 것이다. 전치사 until은 접속사로도 사용되므로 until 뒤에 문장이 오는 경우도 있다. 이럴 경우는 특히나 더, 뒤에 나온 문장을 다 거꾸로 해석한 뒤 until을 마지막에 덧붙여 앞의 문장으로 거슬러오자면 허겁지겁해야 할 것이다. 이래서 마냥 영어가 힘들게만 느껴졌던 것이다. 그러나 무조건 영어는 주어에서 순서대로임을 명심하고, 사진을 통해 until의 의미를 재발견해보자.

Many apartments are lit up until early morning 을 그림으로 표시해봤다.

불이 켜진다는 건 날이 어둡다는 건데, until 다음에 '이른 아침'이 와 있다. 그렇다면 그림에서 보이듯 순서상으로 "이른 아침까지 불이 켜지다"가 맞겠는가, 아니면 "불이 죽 켜져 있다가 꺼지는 때가 이른 아침"이라고 하는 것이 더 맞겠는가? 여기서 우리는 until이 앞서 일어난 상황이 죽 지속되다가 끝나는 지점이 언제인지, 어디인지를 설명해주고 있음을 알 수 있다. **until은 앞의 동작이 언제까지 진행이 되는지 그 종점을 알려주는 신호**라고 보면 된다. until은 onto에서 유래된 말이다. 앞에서 일어난 일이 'on+to' 한다는 것이니 그 의미는 더욱 분명해진다. "접하여 지속하다 만나는 목적지는~"이 되는 셈이다. 따라서 **until은 "그 끝에 일어나는 일은~"**이라고 새기면 딱이다.

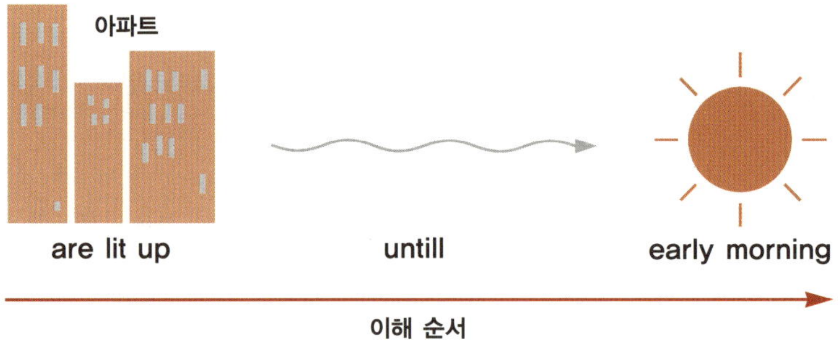

● as people watch Olympic games on television.

새로운 그림이 as를 매개로 하여 이어지고 있는데, 이 as도 until처럼 뒤에 바로 명사가 올 수도 있고 문장이 올 수도 있다. 이때 as를 '~ 할 때' 라는 식으로 이해하게 되면, as 뒤에 나오는 문장을 먼저 해석하고 as를 나중에 가져다 붙이는 식으로 이리저리 꼬인 해석이 되고 만다. **그냥 as가 나오자마자 "같은 것은(같은 때에 벌어진 일은)~"이라고 이해**한 뒤 다음으로 넘어가면 그만이다. as의 기본 개념은 'A=B' 할 때의 =로 받아들이면 된다.

이제 같은 때에 벌어진 일이(as) 무엇인지 보자. people watch Olympic games on television, 주어인 '사람들' 이 보고 있는데 그 대상이 '올림픽 경기들' 이다. 그리고 그 경기가 면을 접하는 대상이 '텔레비전' 이다.

자, 안방에서 TV를 보고 있는 여러분 자신을 떠올려보라. '여러분이 → 보고 있고 → 보고 있는 것이 어떤 프로그램이고 → 그 프로그램이 보여지는 면이 → 텔레비전 스크린이다.' **이렇게 영어는 순서에 죽고, 순서에 사는 언어이다. 그래서 순서만 제대로 맞춰도 훌륭한 영어가 된다.**

다시 전체를 정리해보자.

많은 아파트들이 불 밝히고 있는데, 그게 끝나는(꺼지는) 지점이 '이른 아침' 이다. 이제 as를 통해 이 시점에 벌어지는 일을 살피기 위해 아파트 안으로 시선을 옮겨 보자. 불 켜진 아파트 안에는 '사람들' 이 보고 있고, 그것이 '올림픽 경기들' 이며, 그 경기들이 보이는 면을 보니 바로 '텔레비전' 이다.

이렇게 주어가 바라보는 대상을 설명하는 경우도, 주어 자신에서부터 출발할 경우 가장 가까운 사실부터 나열하듯이, 주어가 가장 먼저 인식하는 부분부터 말한다. 그러고 나서 그 안으로든, 더 세부적으로든 살펴보게 되는 순서로 표현된다. 영어는 이렇게 모든 것을 주어에서 가까운 순서대로의 구조로 파악한다는 걸 잊지 말자.

Memo

15

원어민의 머릿속에 담긴 전치사의 그림

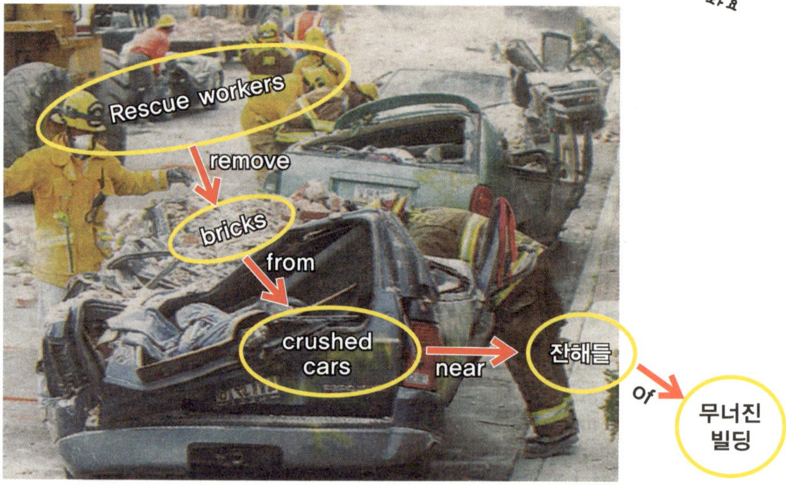

Rescue workers remove bricks from crushed cars near the remains of a collapsed building following an earthquake.

구조대원들 → 치우다 → 벽돌 부스러기들 → from → 부서진 차량들 → near → 잔해들 → of → 무너진 건물 → following → 지진.

주어인 rescue workers(구조대원들)로부터 시작해보면, 주어에 가장 가까운 것은 바로 손을 움직여 하는 동작인 remove(치우다)이다. 그러니 치우는 손끝에 닿는 대상인 bricks(벽돌 부스러기들)가 그 다음에 이어지는 건 당연한 순서일 수밖에 없다. 굳이 '주어 → 동사(행위) → 목적어(그 대상)' 라는 기본 단위를 떠올리지 않더라도, 여러분이 뭔가를 치우는 동작을 해보라. 먼저 여러분 자신이 있고, 그 다음에 손이 움직이고, 이어 그 손에 치워지는 대상이 와야 하지 않겠는가?

● remove bricks from crushed cars

제2장에서 잠깐 맛본 바 있으니, from을 예전처럼 '~로부터' 라고 하진 않으리라 믿는다. 이해는 'remove → bricks → from → crushed cars' 의 순서를 그대로 따라가야 한다.(원어민 방식대로 영어를 배우기 위해 꼭 외국에 나가 살아야만 하는 건 아니다. 구습을 벗어버리고 그냥 영어 문장과 사진이나 그림을 맞춰가면서 순서대로 이해해 나가기만 하면 된다.)

사진을 보면 remove하는 동작의 방향이 어떻게 되어 있는가?

⤽ 와 같이 구조대원 쪽으로 당기는 힘의 방향이다. 그 끝에 걸려서 주어 쪽으로 벽돌 부스러기들이 오게 된다. 연속적으로 그려 보면 이렇다.

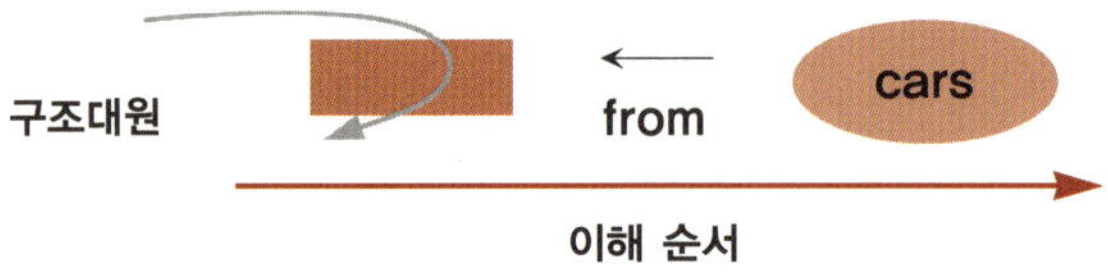

이 그림에서 보면 from의 자리가 어디인지, 그 모양새가 어떠한지는 한눈에 들어온다. 그래서 이 from을 "부서진 차량들+로부터"라고 하면 이해의 순서가 뒤바뀌는 것이므로 어순대로 이해하는 원어민 방식이 무너지는 것이다. 따라서 제대로 된 이해는, 치워지고 있는 대상은 "벽돌 부스러기들인데 그 출발점은" 부서진 차량들이 되는 것이다. 이것이 바로 from을 먼저 이해하고 그 뒤에 이어지는 단어를 기다리는 원어민들의 머릿속에 담긴 from의 그림이다.

● near the remains of a collapsed building

부서진 차들이 있고, 그 차들 가까이에 있는 것이 무엇인가 보았더니 the remains(잔해들)이다. 그리고 of a collapsed building이 이어졌다. the remains와 밀접한 관계를 맺고 있는 것이 무엇인지 하는 설명이 추가된 것이다. '잔해들 → 밀접한 관련이 있는 것은 → 한 무너진 빌딩' 이라고 하면 그 잔해들이 원래는 한 무너진 빌딩이었음을 상식적으로 알게 되지 않는가? 이 정도는 인간 두뇌의 기본적인 인지 능력으로 다 해결된다. 여기서 of는 '부분과 전체' 의 관계를 이어주는 튼튼한 이음새 역할을 하고 있다.

● following an earthquake

현재의 장면과 지진과의 관계는 무엇일까? 상식적으로 생각해서 이러한 아수라장에 앞서 먼저 일어난 일이 '지진' 아니겠는가. 이처럼 **이전에 일어난 일이 무엇인지를 나타내는 말이 바로 following**이다. 이렇게 **following의 의미는 "앞선 일은~"**이다. 따라서 following an earthquake은 "앞서 발생한 일은 한 지진"이 된다. 결국 following도 '~ 후에'라고 알던 기존의 이해가 180도 뒤집어진다.(부디 여러분의 영어도 이렇게 한번 뒤집어짐으로써 바로 잡히길 간절히 바란다.) 주어에서부터 확장되어 나가는 자연스러운 동선을 느끼는 이 순간이 여러분의 영어식 사고가 형성되는 때이다. 전체적으로 그림을 순서대로 다시 음미해보자.

먼저 사람들이 보이는데 그들이 바로 '구조대원들'이다. 그리고 그들이 하는 동작을 보라. 열심히 뭔가를 '치워내고' 있다. 그 구조대원들 앞에 있는 것들이 바로 '벽돌 부스러기들'이다. 사진의 동선이 주어인 구조대원들에서부터 시작해서 손으로 이동하고, 그 다음에 벽돌 부스러기들로 이어진다. 그리고 그 부스러기들 아래에는 '부서진 차량들'이 있다. 그리고 나서 주위로 시선을 옮겨보면, 차량들 근처에 '잔해들'이 보인다. 그 잔해들의 원 본체가 무엇인지는 사진에 드러나 있진 않지만 보도 옆에 있던 이미 '무너져버린 건물'이다.

16 / **화살표**가 날아가서 부딪칠 때는 **맞서오는 힘**을 먼저 **만난다**

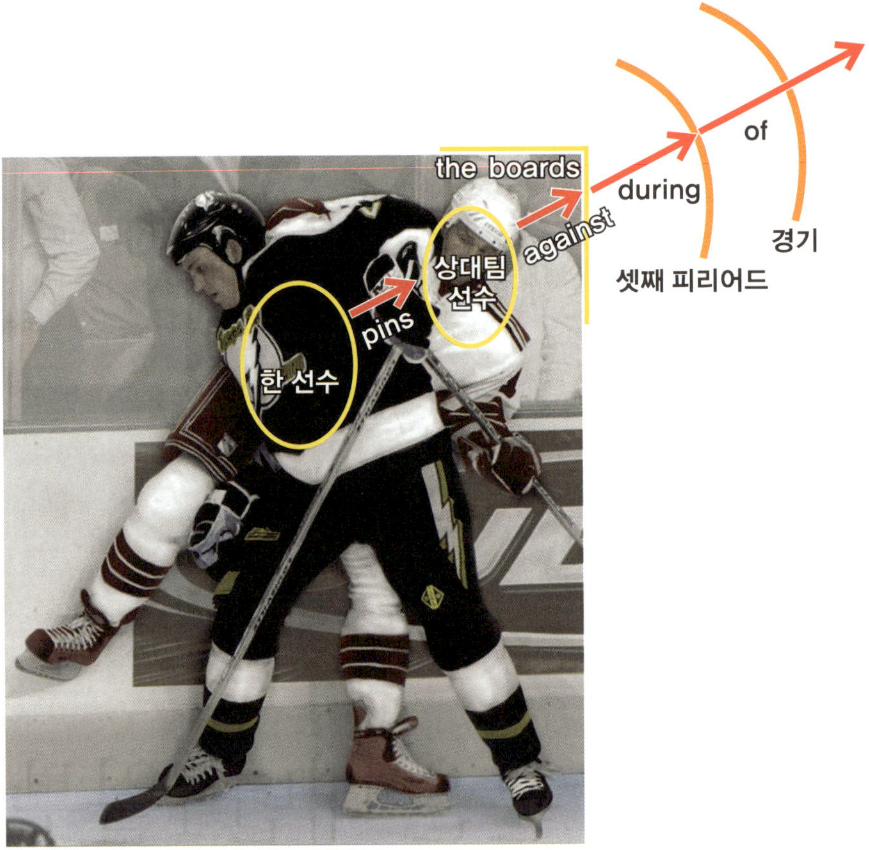

A player pins an opposing player against the boards during the third period of their game.

preview
이렇게 해봐요

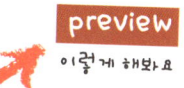

한 선수 → 움직이지 못하게 하다 → 상대 팀 선수 → against → 경기장 보드 → during → 셋째 피리어드 → of → 그들의 경기.

● A player pins an opposing player

주어는 앞에 보이는 검정색의 유니폼을 입은 선수이다. 취하는 동작은 '핀으로 고정하듯이 움직이지 못하게 하다' 이다. 그 대상은 뒤에 있는 '상대팀 선수' 이다.

pin 하면 다들 '꽂는 핀' 이 생각날 것이다. 그러나 여기서는 pin이 동사로 쓰였다. 그러면 어떤 의미가 될까? 사전을 찾아보지 않아도 아이스하키 선수들 간에 일어나는 위 사진과 같은 동작이 바로 pin임을 알 수 있다. **사전이 우선하는 것이 아니라 이렇게 문장 내에서, 사진이나 그림 안에서 이해하는 의미가 더욱 정확하고 생동감 있는 살아 있는 의미이다.** 어떤 의미일 것이라고 문장이나 문맥 내에서 가능한 모든 방법을 다 동원해 추측해본 뒤 사전을 찾아야 한다. 그렇게 할 때 제대로 된 의미 파악이 가능하고, 그 의미 또한 여러분 뇌리에 탁 박히게 된다. 사전은 제일 마지막 수단이다. 정말 그 단어를 찾지 않으면 이해가 불가능할 때

이용하시라.

굳이 찾지 않아도 이해하는 데 지장이 없다면 고민하지 말고 그냥 넘어가도 무방하다. 사실 우리가 알고 있는 한국말 단어의 정의도 국어사전과 똑같지 않은 경우가 허다하다. 하지만 우리가 한국말을 사용하고 서로 의사소통하는 데 지장이 없는 것을 보아도 반드시 사전에 나오는 의미대로만 똑같이 알고 있을 필요는 없는 것이다.

pin은 사진에서 보는 바와 같이 '꼼짝달싹 못하게 만드는 동작' 이다. 이걸 발전을 시키면 '핀으로 고정시키다/체포하다/속박하다/얽매다' 등 문맥에 따라 다양한 의미가 될 수도 있다. 하지만 여전히 기본 개념인 '핀' 의 성격은 유지를 한다. 따라서 어떤 문장에서 사용되더라도 그냥 pin의 원래 느낌만 가지고 명사나 동사나 그 형식에 맞춰 적용하면 그만이다. 이처럼 **단어의 기본 개념을 파악하는 것이 단어학습의 핵심이다.**

● an opposing player against the boards

앞 선수가 pin해서 뒤 선수가 꼼짝달싹 못하게 되는 순간, 뒤의 선수가 쿵하면서 벽에 부딪친다. 이 '쿵' 하는 그 느낌이 바로 against이다. 여러분이 그 선수라 치고, 그 부딪치는 순간을 잘 한번 따져보시라. 여러분의 몸은 부딪칠 때 경기장 벽을 먼저 만나는가, 아니면 쿵하는 충격을 먼저 만나겠는가? 쿵하며 부딪쳐오는 힘을 먼저 느끼고, 그러고 나서 그 버티고 있는 힘의 원천인 벽을 만나는 것 아닌가.

즉, 그 선수의 몸과 경기장 보드 사이의 접점이 against인 것이고, 그 의미는 **"맞부딪치는(충돌하는) 대상은~"**인 것이다. 절대로 뒤의 board를 가져와서 "보드에 충돌하여"라고 거꾸로 뒤집어 해석하지 말기 바란다.

He runs against the wind.

(그 → 달린다 → 맞부딪히는 대상은 → 바람.)

그가 달리는데 힘이 든다. 막아서는, 저항하는 힘이 느껴지기 때문이다. 그러고 나서 그 맞서오는 힘의 실체이므로 '바람' 이 있는 것이다.

● during the third period of their game.

그때 동시에 진행되는 일은 '셋째 피리어드' 이며, of를 통해 그 피리어드가 속한 전체가 '그들의 경기' 이다.

이렇게 상황이나 대상을 순서대로 철저히 옮겨 놓는 것이 영어다. 사진 전면에 보이는 '선수' 에서 출발하여 취하는 동작인 pin을 통해 충격을 받는 '상대팀 선수' 을 만나는데 동시에 쿵하는 느낌으로써 '경기장 보드' 와 마주한다. 그리고 시선을 밖으로 돌려보니 '셋째 피리어드' 이며, 전체는 '그들의 경기' 이다.

17 / 전치사가 연달아 나오는 문장

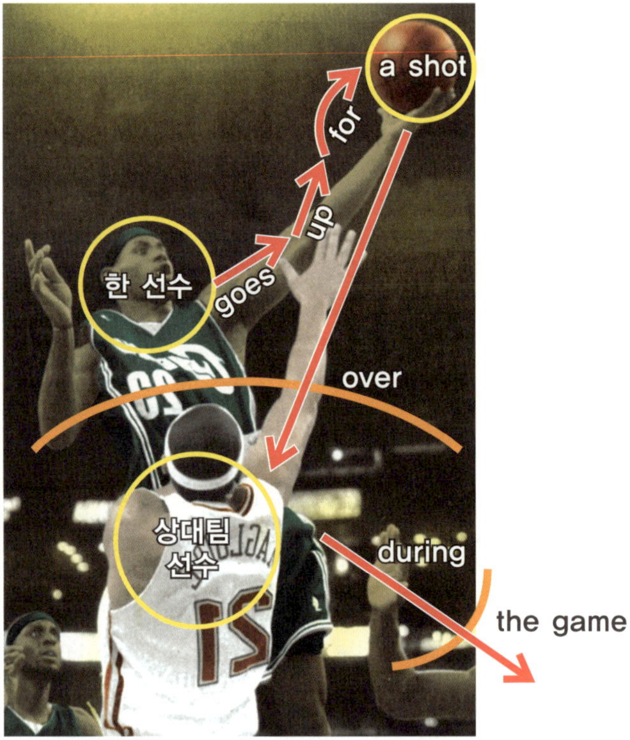

A basketball player(above) goes up for a shot over an opposing player during the game.

한 농구선수(위) → 가다 → up → for → 숏날리기 → over → 상대편 선수 → during → 게임.

● A basketball player goes up for a shot

preview 이렇게 해봐요

사진에서 제일 높이 뛰어오른 선수가 위로 숏을 시도하는 장면이 가장 돋보인다. 주어인 그 선수로부터 동작 하나 하나를 시간 순서대로 한번 분석해보자. 먼저 go(가다)이다. 그리고 그 방향이 up(위쪽)이다. 그러한 움직임의 목표가 shot(숏을 날리는 것)이다. 그런데 이를 한국말로 번역하기 위해는 제일 뒤에 있는 단어인 a shot에서부터 거꾸로 거슬러와서 "숏을 던지기 위해 위로 가다"라고 하면 선수의 손끝에서부터 아래로 내려오는, 완전한 역방향이 되고 만다.(이 사진은 전치사 몇 개가 함께 연속으로 이어지더라도 철저하게 순서대로만 나아가면 쉽게 이해할 수 있다는 사실과 더불어, 미묘한 동작의 부분 부분을 전치사로써 나타내는 영어의 순서대로 방식의 세밀함을 보여 주는데 안성맞춤이다.)

여기서는 for를 좀 더 자세히 살펴보자. 선수가 움직이는 방향이 up이고, 이어신 말이 for a shot이다.

이 상황에서 전치사 for의 움직임은 당연히 위쪽으로 나아가는 것이다. 그렇게 하여 하고자 하는 바는 '숏 날리기' 이다. 이렇게 사진 속 장면에서 확인되듯이, for

의 의미는 "앞으로 나아가는데 목표가 되는 바는(하고자 하는 바는)~"이다. 더 간단히 하면, 단지 포물선으로 기억해둬도 무방하다. 그렇게 하면 순서도, 의미도 저절로 해결된다. 그래서 for는 간단히 **"(포물선이) 향하는 목표는~"**이라고 하면 된다.

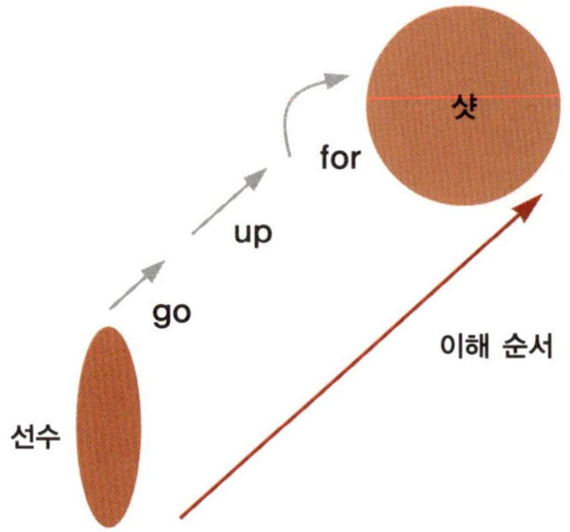

사전에는 '~을 위해서/~을 향해서/~때문에/~동안' 등 다양한 for의 의미가 있지만, 원어민의 시각으로는 그저 이 기본 개념만으로 문장 내에서 자연스럽게 구체화된 의미가 만들어진다.

He was brought up to a musician.

(그 → 키워지다 → 위로 → 죽 이어져 도달하는 지점은 → 음악가.)

그가 키워졌다. 위로 죽~, 그래서 도달하는 지점이 바로 '음악가'인 것이다. 여기서는 눈여겨 볼 포인트가 바로 **up to**이다. 아무리 전치사가 여러 개 연속으로 사용된다고 하더라도 앞에 있는 것부터 순서대로 동선을 따라가면 매우 간단한 문장구조일 뿐이다. 위의 그림에서 보이듯이 전치사의 방향을 따라 그대로 이어가기만 하면 된다. **up이니까 위로 올라가고, 거기에다가 to가 왔으니까 그 방향으로 계속 죽죽 나아가는 그림**이 이어지는 것이다. 앞으로 전치사가 연달아 나오면 절대 겁먹지 말고 이런 방법으로 차근차근 이해해 가시라.

● a shot over an opposing player during the game

over에 이어 상대팀 선수가 나왔다. over는 당연히 '~의 위에'가 아니다.

사진에서 보면 위에 녹색 유니폼의 선수가 있고, 동작이 나오고, 그러고 나서 over가 있고, 아래에 상대 선수가 있다. 이렇게 순서만 놓고 보아도, over는 '앞에 있는 단어의 위치가 위이고, 그 아래에 있는 사람은(것은)~'이 되고, 다음으로 그 대상이 이어진다. 그래서 본문에서도 녹색 유니폼의 선수가 있는 위치가 위이고, 그 아래에 흰색 유니폼의 선수가 있지 않는가.

여기서 잠깐 **above와 비교해보면, 둘 다 앞 단어의 위치가 '위'임을 나타내는데, 차이는 over는 위에 있으면서 아래 있는 것을 덮고 있는 모양새라는 데 있다.** 사진에서도 보면 위의 선수가 아래의 선수를 거의 덮고 있는 형국이다. above가 쓰인 열기구가 떠 있는 사진이 기억나는가? above는 단지 열기구가 그냥 위에 위치해 있고, 그 아래에 있는 것이 무엇인지만 알려줄 뿐이다. 그러나 over 다음에 오는 것은 항상 뭔가에 덮여 있는 모양에 가깝다. 그래서 **over의 의미는 "위에서 덮고 있는데, 그 아래쪽에 있는 것은~"이 되며, 간단히는 "아래에 덮여 있는 것은~"**하면 된다.

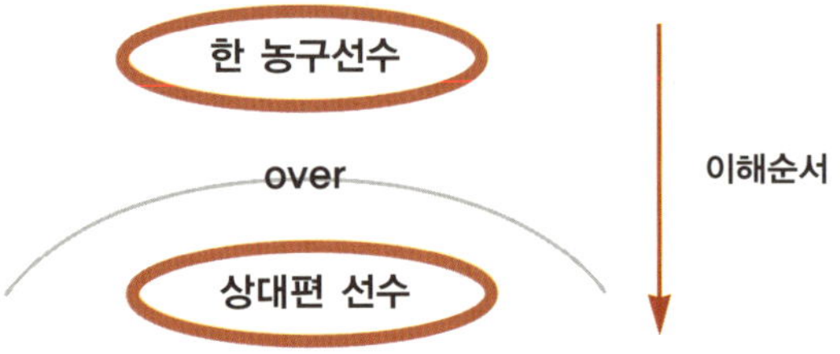

'해외' 라는 뜻의 overseas도 over의 의미를 제대로 이해하면 쉽게 머리에 들어온다. '(타고 날아가는 비행기의 궤적이) + 위에서 덮고 있고 그 아래쪽에 있는 것은(over) + 바다들(seas)'. 즉, 비행기를 타고 날아가고 있는데 아래에 바다들이 있으니 바로 해외로 나간다는 의미가 된 것이다. 이렇게 단어 하나도 단순히 그냥 외우지 말고 기본 개념을 적용해 가다 보면 낯선 단어도 쉽게 이해하게 된다.

● during the game.

그때 동시에 진행되고 있는 일이(during) 바로 '경기' 이다.

'녹색 유니폼의 한 선수' 로부터 시작해서 시선이 위로 죽 올라갔다가 다시 아래로 내려와서 '상대팀 선수' 를 만나고, 시야를 넓혀 '게임' 이 진행되는 것을 확인하는 동선이 실제 상황과 문장의 전체 움직임이다.

18 / 숙어란 없다, **화살표**의 **연속성이 있을 뿐** (1)

A helicopter drops water onto a burning ferry off the island.

한 헬리콥터 → 떨어뜨리다 → 물 → onto → 한 불타는 페리 → off → 섬

● A helicopter drops water onto a burning ferry

사진 위쪽에 보이는 헬리콥터가 하는 동작은 drop이다. 사진에서 보듯이 아래로 떨어뜨리는 행동이다. 그 힘을 받는 대상은 the water이다. 아래로 떨어뜨리니, 그 대상은 drop의 힘을 받아 어떤 방향으로 향해야 된다. 이런 힘의 연속성에 대한 감을 가지고 onto라는 전치사를 보자. **onto는 생긴 모습대로 'on+to', 즉 '목표를 향해 나아가서 접하게 된다'는 의미**이다. 물을 쏟아 부으니 당연히 물이 나아가서 접하게 되는데, 그 대상이 a burning ferry(불타고 있는 페리호)이다.

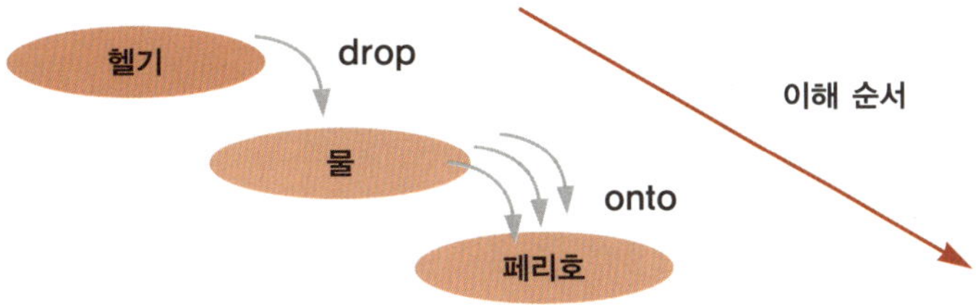

그림에서 확인 되듯이, onto a burning ferry를 뒤의 a burning ferry부터 거

꾸로 해석하여 "불타는 페리 위에"라고 하는 건 상식적인 이치와 순서에도 맞지 않는다. 이는 한국말로는 익숙해서 자연스러울지 몰라도 drop에서부터 이어지는 힘의 연속성을 망가뜨려서 순서대로의 이해를 불가능하게 한다. 이런 식으로 하다보면, 나중에는 자연스럽게 영어가 주어에서부터 죽 순서대로 입에서 나오게 하는 능력을 잃는 고질병에 걸리고 만다.

주어에서부터 물 흐르듯이 순서대로 흘러가는 영어의 특성에 따르면, 동사에 이어서 뒤에 어떤 전치사가 와야 할지 거의 예측이 가능하다. 그래서 기존에 여러분이 '숙어'라며 동사와 전치사를 한 세트로 암기했던 것은 사실 그렇게 할 필요가 없던 수고였다. 영어를 배우는 데 '숙어'란 말은 필요가 없다.

영어에서 **동사를 보면 가장 먼저 생각해 볼 것이 힘의 방향이다.** 주어에서 나오는 힘이 앞으로 당기는 힘(pull, draw)이면 뒤에 힘을 받는 대상은 앞쪽으로 당겨지니, 뒤에 올 전치사는 그 대상이 앞쪽으로 움직여 온 출발지를 나타내는 from이 오게 마련이다.

pull/draw **from**

←———— ←——

← ←가 이렇게 연속으로 이어지는 느낌이다.

반대로, 주어에서 나오는 힘이 미는 힘(push)이거나 주는 힘(give)이거나 앞으로 전진하는 힘(go, run)이면 통상적으로 앞을 향하는 to, into가 오게 마련이다.

push/go/run ⟶ to/into ⟶

그래서 → →와 같이 힘이 앞으로 연속적으로 죽 이어지게 된다.

이렇게 동사와 전치사가 세트로 연결되는 힘의 연결을 눈여겨 보면 영어가 더욱 쉬워진다. 주어에서부터 순서대로 단어를 늘어놓기만 하면 되는 영어의 기본 법칙을 더욱 깊이 있게 깨닫게 되어, 참으로 읽는 순서대로 들리는 순서대로 머리 속에서 그림이 쭉 그려지게 된다. 따라서 **동사 다음에 꼭 어떤 전치사가 나온다고 암기할 게 아니라 그냥 힘의 연속성만 염두에 두면 동일한 방향의 전치사 종류 가운데 내가 마음먹은 대로 선택해서 말을 만들 수도 있게 된다.**

영어란 이렇게 암기과목이 아니라 이해과목일 뿐이다. 절대 한국말로 문장을 먼저 다 만들어 놓고는 이를 영어 단어로 교체하고, 그 다음에 영어 어순대로 이리저리 말을 조합하지 마시라.

● a burning ferry off the island

순서가 불타고 있는 페리를 보고, 그 다음에 off가 나오고, 배 뒤편으로 섬이 보인다.

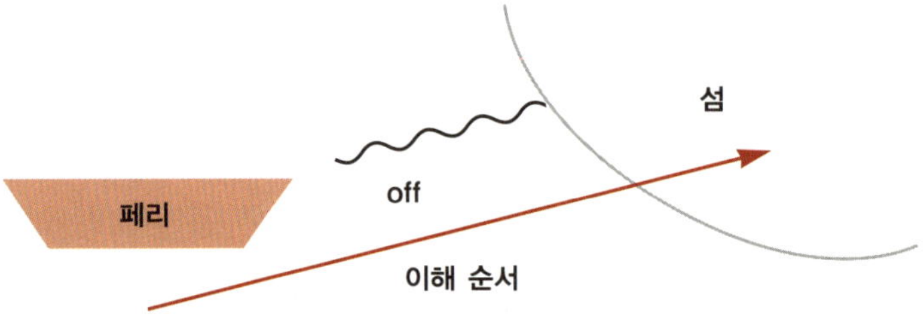

보다시피 off의 역할은 앞의 a burning ferry가 무엇으로부터 떨어져 나와 있는지를 보여주는 것이다. 즉, 단절을 의미한다. 기존에는 off 하면 '~에서 떨어져서' 라고 암기했을 것이다. 그러나 **"Off the record!"**라는 말을 한번 생각해보자. 정치인이 기자들과 얘기를 나누기 전, "이제부터는 off the record임을 전제로 하고 얘기합시다"라고 한 뒤 개인적인 의견이나 비밀스러운 얘기를 한다. off the record는 늘 '비공식적인' 이라는 숙어로 암기 대상이었다. 하지만 off는 A와 B를 연결해주는 관절로서의 구실을 하기 때문에 당연히 그 앞과 뒤에 뭔가가 있어야 한다. 그런데 off가 바로 나왔다면 당연히 뭔가가 앞에서 생략되었다는 것이다. 왜 생략했을까? 말하는 사람과 듣는 사람이 당연히 알 만하기 때문에 생략한 것이다. 바로 지금 말하는 사람이 '하려는 말'이 생략되었다. **"(하려는 말) off the record"**이다. 그래서 '하려는 말이 떨어져 나와 있는데 그 단절의 대상이 바로 기록이다'가 된다. 그러니 당연히 '비공식적인' 것이 되는 셈이다.

19 숙어란 없다, **화살표**의 **연속성이 있을 뿐** (2)

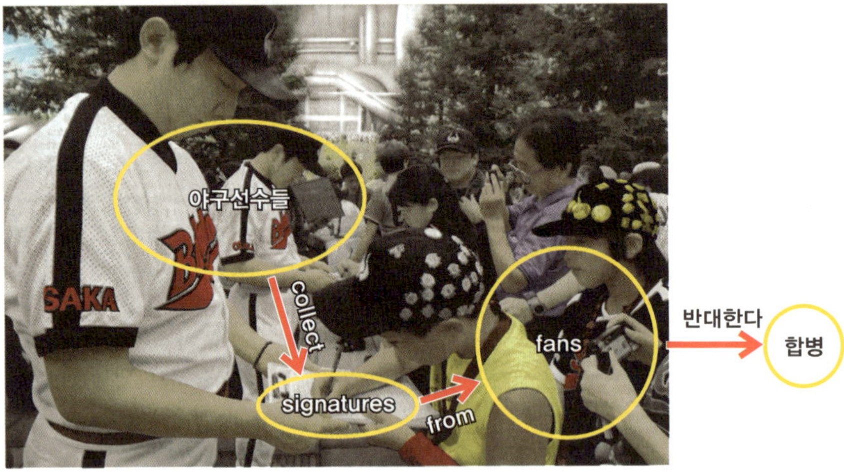

Baseball players collect signatures from fans who oppose a possible merger of their team with one in Tokyo.

선수들 → 모으다 → 서명들 → from → 팬들 → who → 반대한다 → 한 가능한 합병 → of → 그들의 팀 → with → 한 팀 → in → 도쿄.

야구선수들이 모으고 있다. 사진에서 왼쪽에 보이는 선수들이 손을 앞으로 내밀어서 받고 있는 동작이 바로 collect이다. 그 동작에 의해 모아지는 것이 서명들이다. 그 서명들이 온 출발지는, 죽 줄을 서서 서명을 하거나 기다리고 있는 팬들이다. 아이들의 모자 모양이 똑같은 게 이 팀의 팬들임이 분명해 보인다. 그리고 그 팬들에 대한 부가 설명이 시작된다. 그 팬들은 반대한다. 반대하는 대상은 '가능한 합병' 이다. 합병에는 당연히 두 개의 대상이 있다. 첫번째가 바로 선수들이 소속된 팀이며, 합병이 함께 거론되는 것은 어느 '한 팀' 으로, 위치가 '도쿄' 이다.

자, 이처럼 문법적인 설명이나 이해에 대해 특별히 신경을 쓰지 않아도 주어가 무엇인지 확인한 후 그 주어에서부터 이어지는 순서대로 이해되고 말이 되는 것이 바로 영어의 진면목이다.

● Baseball players collect signatures from

영어를 익히면서 머리에 꼭 담아둘 것은 동사로부터 시작되어 이어지는 힘의 연속성이다. 힘의 연속성이 눈에 보이고 익숙해지면 읽기, 듣기, 말하기까지가 다 수월해진다.

자, collect(모으다)의 힘의 방향은 어떤 걸까? ← 로서, 주어가 자기 쪽으로 당기고 그 힘의 대상은 끌려오는 형국이다. 사진에서 보아도 선수들이 두 손을 내밀어 자기 쪽으로 뭔가를 취하는 동작을 확인할 수 있다. 그러고 나서 이어지는 힘의 연속은 당연히 그 모아지는 대상인 '서명들' 이 주어 쪽으로 당겨져 오는 것이다. 그 모습을 설명해주는 전치사가 바로 from이다. from도 ← 방향이다. 주어 쪽으로 모아지는 '서명들' 의 움직임의 출발점이 어딘지 확인해 가는 방향이다.

그래서 **'collect + signatures + from'** 은

←　　　　　←

와 같이 동일한 방향을 지닌 힘들의 조화임을 알 수 있다.

● from fans who oppose a possible merger of their team with one in Tokyo.

who 이하는 fans(팬들)에 이어서 시작하는 새로운 부가 설명이다. who는 앞의 fans를 주어로 삼아 새로운 문장이 시작된다는 신호이다. 그냥 반복해서 "그들은"이라고 이해하고, 동사 oppose로 나아가면 된다.

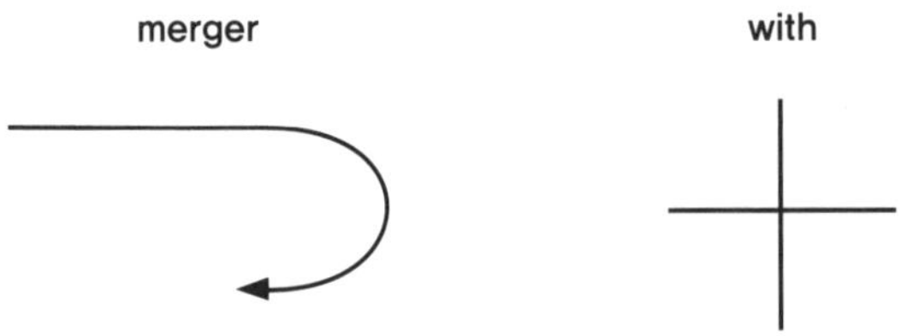

merger(합병)는 동사 '합병하다, 합치다'에서 온 명사다. 그렇다면 당연히 다음에 올 말들도 이 동작의 힘에 영향을 받는다. 합치기 위해서는 옆에 뭔가가 있어야 한다. 그래서 당연히 전치사 with가 오는 것이다.

Arrow Target

● collect + signatures + from + fans

collect(당기는 힘) + 힘을 받는 대상 + from(움직인 출발지)

They are looking forward to seeing Tom.

(그들 → 이다 → 손꼽아 기다리고 있다 → 만나기 → 탐.)

look이 '시선을 주다'로서 '주다'의 힘을 가지고 있다. 그래서 앞으로 나아가는 forward와 to가 어우러진 것이다. 그냥 있는 그대로 '시선을 주고 있다 → 앞쪽으로 → 도착지는'과 같은 힘의 연속성으로 보면, 굳이 외워두지 않아도 문맥 내에서 이해하는 데 지장이 없다.

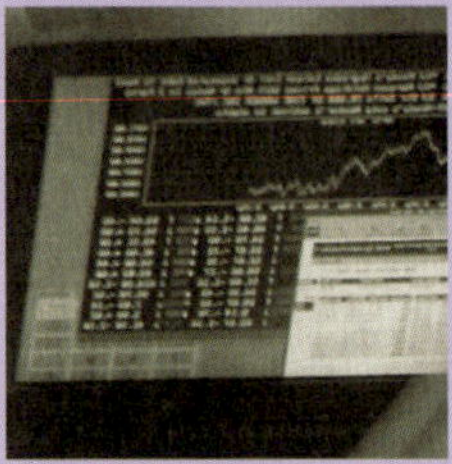

3

거침없이 말늘리기의 막강 도구들

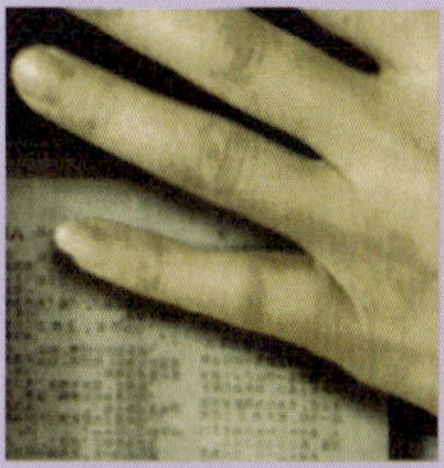

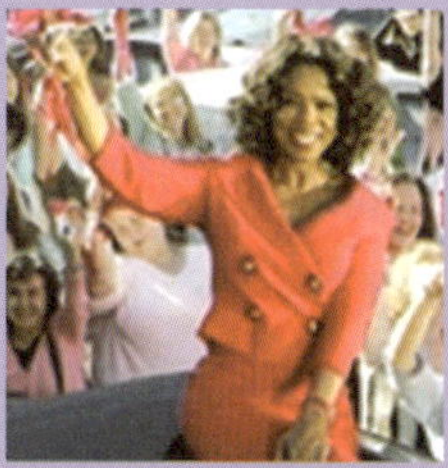

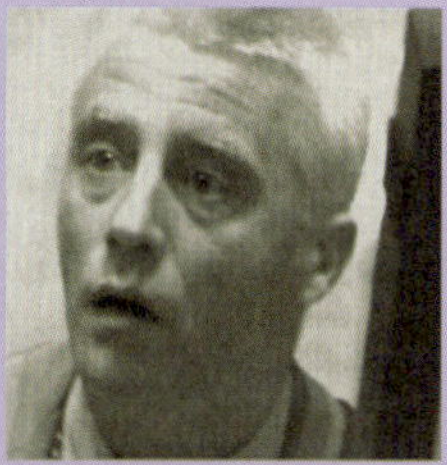

20 영어 문장은 기본 단위와 기본 단위의 연결

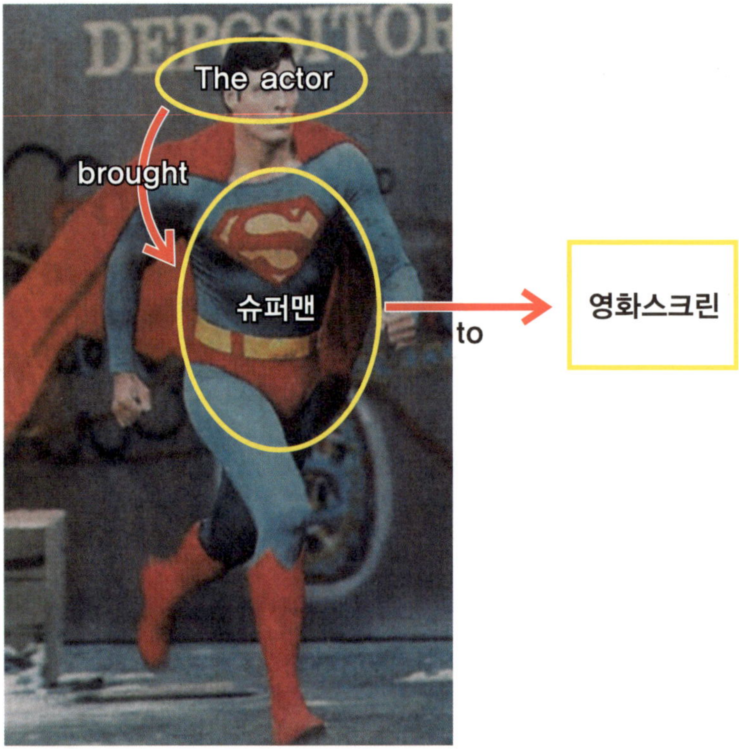

The actor who brought comic book hero Superman to the silver screen has died of heart failure at 52.

배우 → who → 가져왔었다 → 만화책 영웅 수퍼맨 → to → 영화 스크린 → 죽었다 → of → 심장마비 → at → 52.

preview
이렇게 해봐요

주어는 사진에 보이는 미국 배우다. 그런데 뒤에 be동사나 일반동사가 오지 않고 불쑥 who가 등장했다. who는 앞에 등장한 사람을 시작점으로 해서 다시 문장이 시작된다는 신호이다. 앞에 나온 사람에 대해 부가적인 설명을 할 때 사용된다.

우리말은 "영화 스크린으로 만화책 영웅 수퍼맨을 옮겨다 놓은 미국 배우"와 같이 '미국 배우' 앞에다 뒤의 내용을 끌어와서 부가 설명하는 식의 문장구조를 취한다. 그러나 영어는 이런 식으로 설명하는 문장 구조가 불가능하다. 주어에서부터 순서대로 나열하는 영어의 절대원칙 때문이다. 주어에 관련된 내용은 어떠한 경우에도 먼저 주어가 일단 존재한 뒤에야 올 수 있는 것이 원어민들의 언어사고이다. 그래서 주어인 미국 배우가 일단 먼저 등장을 하고, 그 다음에 이 사람에 대한 부가적인 설명이 뒤에 이어지는 것이다.

● 영어 문장의 기본 단위

영어에서 가장 기본이 되는 문장 구성 종류는 두 가지뿐이다.

1. 주어 → 주어의 존재(be동사) → 그 존재의 표현 모습(명사/ 형용사/ 힘을 받는 경우-과거분사)

2. 주어 → 주어에서 발산된 힘(동사) → 힘이 다른 대상에 미칠 경우 그 힘이 미치는 대상(목적어)

영어에는 5가지 문장 형식이 있다고 학교에서 배웠을 것이다. 하지만 4형식은 단지 '주어+동사+목적어' 의 기본 단위에 'to+사람' 이 첨가된 것일 뿐이라는 점을 앞서 설명한 바 있다. 그리고 5형식에 해당하는 '주어+동사+목적어+목적보어' 도 기본 단위의 목적어에다 부가 설명을 목적보어로 덧붙인 데 불과하다. 따라서 **영어 문장의 기본 단위는 ①주어 → be동사 → 명사/형용사/과거분사 ②주어 → 동사 ③주어 → 동사 → 목적어가 전부다.** 아무리 긴 문장도 사실 이 기본 단위와 기본 단위의 연결일 뿐이다. 그리고 학교에서 배운 그 복잡한 문법들은 간단히 말해 어떻게 말을 늘려 가느냐에 대한 내용이다. 즉, 영어로 말을 늘려가는 방법을 이해한다면, 영어 문법 대부분이 끝난다고 해도 과언이 아니다.

이 문장은 The actor has died(주어+동사)가 하나의 기본 단위이다. 그런데 주어인 The actor 다음에 동사인 has died가 나오기 전에, 주어에 대해 더 얘기하고 싶은 내용이 있다. 그럴 경우, 관계사를 이용해 옆으로 잠깐 빠져 나가 새로운 내용을 덧붙이는 것이다. 그래서 관계사 who가 오고, 그 뒤에 다시 기본 단위의 '동사+

목적어’가 뒤따른다. who에 이어지는 곁그림은 brought(동사) + comic book hero Superman(목적어) + to the silver screen이다. 그런 뒤 다시 본 주어의 동사인 has died로 돌아오는 것이다.

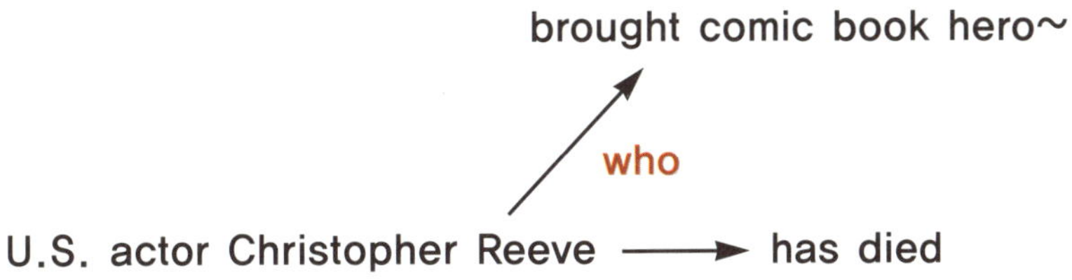

기본 단위의 구성 요소들 가운데 관계사를 이용해 새롭게 그림을 그려 나갈 수 있는 것은 ‘명사’뿐이다. 손에 잡히는 실체가 있어야 뭔가 연결될 수 있지 않겠는가. be동사, 형용사, 과거분사, 동사는 손에 잡히는 뭔가가 아니다. 그래서 **명사의 모습을 띠는 말만 연결되어 늘어날 수 있다**는 점을 분명히 기억해두기 바란다. 이렇다 보니 영어는 ‘명사’만 나왔다 하면 화자가 원하는 대로 무한히 말을 이어갈 수 있다. 그래서 아래 그림과 같은 구조가 가능하다.

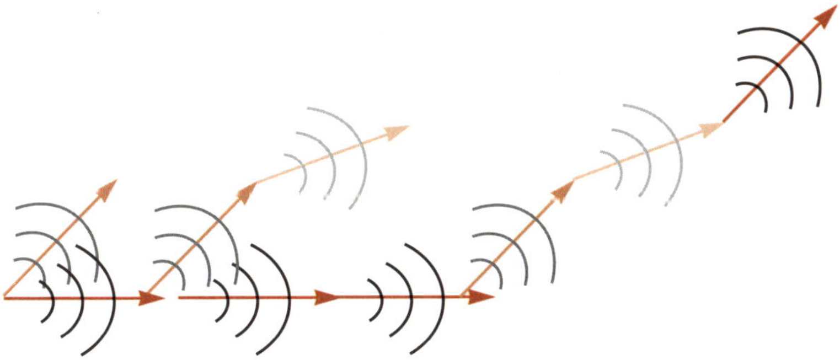

특히 관계사는 앞 단어와 연관을 맺은 채 곁그림으로 빠져서 부가 설명을 한다는 교통신호로 인식하고, **관계사를 보는 순간 '아~! 옆으로 빠져서 부가 설명을 하려는 거구나' 하고 동시에 새로 또 하나의 그림을 그려 가면 된다.** 아무리 긴 문장을 만나도 겁먹을 필요 없다. 그저 기본 단위에 맞춰 단어 순서대로의 방향으로 그림을 그려가다가 접속사나 관계사와 같이 말 늘리는 연결고리를 만나면 자연스럽게 옆으로 빠지는 그림을 하나 그리고 나서, 다시 그 곁그림과 상관 없는 단어가 등장하면, 본그림에 해당하는 요소로 이해를 하고 원래 그림에 이어서 그려 나가면 된다.

학교에서 배운 모든 내용이 우리말 해석에 근거한 거꾸로 해석법이다 보니, 말 늘리기에 해당하는 관계사나 접속사로 이어지는 부분들을 무조건 수식구조로만 이해했었다. 그래서 영문을 읽어 나가다가 조금만 긴 문장이 나오면 무엇이 무엇을 수식하는지 찾고 분석하기 위해 이리저리 왔다 갔다 하다가 시간을 다 보낸다. 영어 문장은 어떤 경우에도 뒤로 돌아가서 해석될 수 없다. **절대 관계사나 접속사로 이어지는 문장들을 앞에 나온 단어나 문장을 거꾸로 꾸며 주는 구조로 이해해서는 안 된다.**

● who brought comic book hero Superman to the silver screen

주어 뒤에 관계사 who가 나오고 바로 동사(brought)가 이어졌기 때문에 이

who는 주어 역할을 하고 있다는 것을 즉각 알아차릴 수 있다. 그런 뒤 자연스럽게 who에서부터 시작하여 동작인 bring으로 이어 나가면 된다. '가져오다' 라는 힘을 받는 대상이 comic book hero Superman(만화책 영웅 수퍼맨)이다. 여기서 힘의 연속성을 한번 생각해보자.

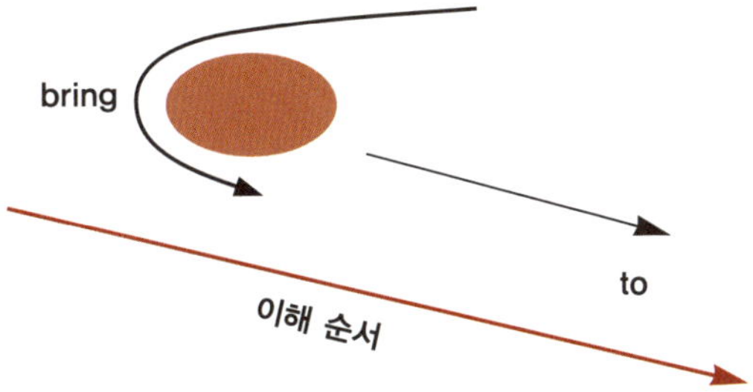

'가져오다 → 대상 → 가져옴으로 인해 옮겨지게 되는 목적지는(to) → 영화 스크린'

● has died of heart failure at 52.

여기서 우리는 has가 제일 처음에 나온 주어에서 who로 시작된 곁그림으로 잠시 빠져 나갔다가 돌아온 주어의 본그림임을 알아야 한다. 주어의 동작이 has died(죽었다)이다. 그러고는 전치사 of가 이어졌다. 죽었다는 동작과 밀접한 관계를 나타내는 of와의 연결로 구체화되는 의미는 "죽었는데 직접적인 원인이~"이다. 숙어로 die of ~ 하면 '~로 죽다' 라고 암기했겠지만, 비슷한 뜻인데도 die 다음에 from이 오는 수도 있다. 이러니 이해를 하지 않고 무조건 암기해서는 다양한 변화에 즉각적으로 대처할 수 없게 된다. die of는 죽음과 밀접한 관련이 있는 이유이니 결국 죽음의 직접적인 원인이 된다. 그러나 die from은 출발지가 무엇인지만 나타내기 때문에 죽음의 원인이긴 하지만 직접적인 원인은 아니란 뉘앙스를 갖는다. 즉,

He died from a wound.

그가 죽었는데 그 죽음의 출발점이 '부상' 이다. 즉, 부상을 입은 후 후유증으로 나중에 죽게 되었다는 의미이다. 이처럼 전치사의 기본 개념만 적용해도 서로 다른 뉘앙스에 대해 충분히 감지할 수 있게 된다.

이어 마지막에 at 52로써 죽은 시점이(죽음을 접한 나이가) 52세임을 알려주고 있다.

Arrow Target

● 영어에서 말은 늘려가는 방법은 딱 두 가지다.

첫째, 기본문 단위와 기본문 단위를 병렬시켜 1대1 대응으로 합치는 경우다. 즉, 〈기본 단위〉 + 〈기본 단위〉의 형태이다. 이 경우, 기본 단위와 기본 단위를 연결해주는 말이 바로 '접속사' 이다.(접속사에 대해서는 뒤에서 따로 다루겠다.)

둘째, 기본 단위의 구성 요소 가운데 명사를 시작점으로 해서 곁그림 형태로 부가적인 설명을 하는 방식이다. 이때 사용되는 연결고리가 바로 '관계사' 이다.

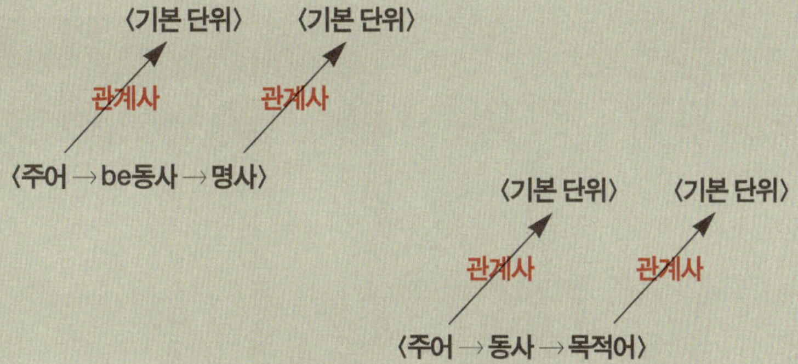

21 앞에 나온 **명사**에서 날아가는 **화살표** (**관계사**)

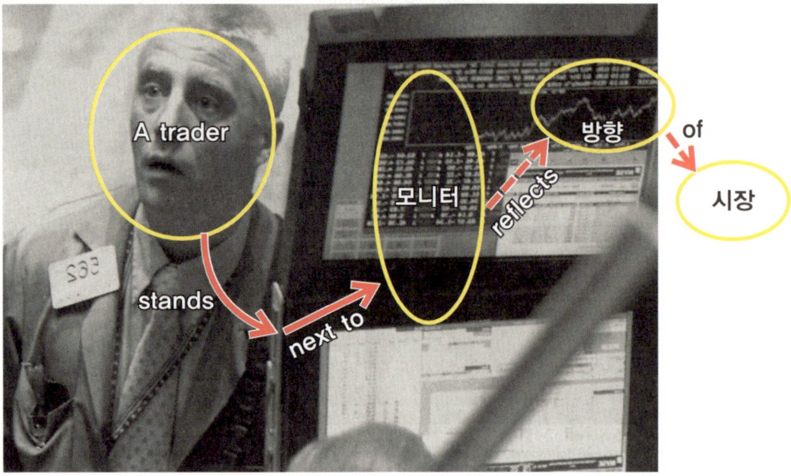

A trader stands next to a monitor that reflects the direction of the market.

한 증권업자 → 서 있다 → next to → 한 모니터 → that → 보여주다 → 방향 → of → 시장.

● A trader stands next to a monitor

주어 a trader가 취하는 동작이 stand(서 있다)이다. 그 서 있는 동작이 이뤄지는 옆쪽으로 눈을 돌려보니 한 모니터가 있는 것이다. 따라서 stands next to a monitor는 영어식 사고와 정반대로 "한 모니터 → 옆에 → 서 있다"라고 해선 안 된다. 먼저 주어가 stand 하고 있고, next가 그 다음에 나왔지 않은가. 즉, 주어가 서 있는 장소에서 옆(next)을 보고 나서 to를 따라 →방향으로 더 가보니, 거기 있는 것이 a monitor이더란 얘기다. 그러므로 **next to의 의미는 앞 단어의 위치가 "옆으로, 더 나아가서 있는 것은~"** 이라고 새긴 뒤, 이어지는 단어를 기다리자. '~옆에' 라고 외워버리면 간단한데 왜 이리 번거롭게 이해해야 하는가 하실 분도 있겠지만, 이런 사소한 데서부터 원어민식 이해가 흔들려 버리면 나중엔 감당할 수 없는 결과가 오게 된다. 이렇게 'next' 'to' 한 단어 한 단어가 주어에서 가까운 것부터 순서대로 위치를 분명히 하면서 그림을 완성해 나가는 게 영어다.

● (a monitor) that reflects the direction of the market.

문제의 that이 드디어 등장했다. 명사 다음에 이어져서 문장이 새로 시작되는 것은 관계사의 경우뿐이다. 앞에서 배운 who와 마찬가지로 곁그림이 그려지는 것이다. 관계사란 앞에 나온 명사의 중복을 피하기 위해 그냥 다른 말을 사용하는 것일 뿐이다.

이렇게 명사 다음에 who, which, that이 나오면, 무조건 곁그림이라고 여기고 새롭게 문장이 시작된다고 보면 된다.

특히 듣기를 할 때 기존 하던 방식대로 관계사로 시작되는 문장을 수식 구조로 이해하면, 뒷말을 다 들을 때까지 마냥 기다려야 하고 그런 뒤 다시 지나간 말들로 거꾸로 거슬러 올라가야 된다. 그러나 그때는 이미 소리가 다 사라지고 난 이후라 속수무책이다. 그래서 항상 장문을 들으면 문장의 앞 단어 몇 개와 끝의 몇 단어만 기억에 남는 식이다. 읽기에서와는 달리 듣기에서의 소리는 듣는 사람을 기다려주지 않는다. 따라서 절대 뒤에서 수식하는 구조가 아니라, 자연스럽게 말이 뱉어지는 순서 그대로 나아가면서 곁그림을 그리는 원어민 방식만이 유일한 해결책이다.

a monitor 다음에 that이 나온 뒤 막바로 reflects 동작이 이어지는 것을 보고, that의 역할이 주어임을 직감하면서 죽 순서대로 그림을 그려나가자. reflect(보여주다)의 힘을 받는 대상은 the direction(방향)이다. 사진에서 보면, 모니터에 보이는 그래프나 숫자들이 어떤 현상의 방향이다. 그리고 그 방향과 밀접한 관계를 나타내는 of를 통해 그 방향의 주체가 the market임을 알 수 있다.

reflects the direction of the market.

that

a monitor

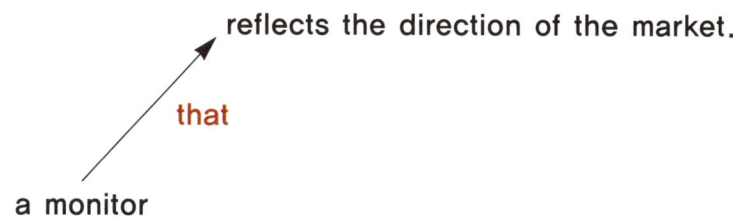

전체 순서를 다시 정리해보자. '한 증권업자' 가 서 있는데 그가 서 있는 옆쪽으로 보니 '한 모니터' 가 있다. 그 모니터를 들여다보니 보여주고 있는 내용이 '그래프와 숫자들' 로 '방향' (또는 흐름)이다. 그것들이 나타내는 바는 바로 '시장' 이다.

22

앞의 **명사**의 종류에 따라 **변신하는 관계사**

Steam comes out from the facility where a steam leak occurred at the No.3 reactor at a nuclear power plant in Tokyo, Japan.

수증기 → 나오다 → from → 시설물 → where → 한 증기 유출 → 일어났었다 → at → 제3번 원자로 → at → 원자력발전소 → in → 도쿄 → 일본.

preview
이렇게 해봐요

주어인 steam(수증기)이 취하는 동작은 comes 이다. 사진에서 수증기가 바람에 나부끼듯 피어오르는 모습이 보인다. 수증기가 나오고 있다면, 그것이 출발된 지점을 알려주는 데는 from이 제격이다.

● **the facility where a steam leak occurred**

그 출발지가 the facility(시설물)임을 알려준 뒤, where가 이어졌다. 앞에 나온 명사 the facility를 연결고리로 하여 새롭게 시작되는 곁그림이다. 이때 앞에 나온 명사가 뒤에 이어지는 곁그림의 장소에 해당하면 where를 사용한다. 따라서 이제부터 명사가 나오고 곧바로 where가 나오면 **"그 곳에서"**라고 이해한 뒤 다음 그림으로 나아가면 된다.

한 증기 유출 → 일어났었다

그 곳에서

the facility

영문 어순과는 거꾸로 "한 증기 유출이 일어난 곳은"이라고 해석해서는 듣자마자 이해하는 것이 불가능하다. 그렇게 해서 어떻게 생각하는 순서대로 말을 만들어 낼 수 있겠는가?

● at the No.3 reactor at a nuclear power plant in Tokyo, Japan.

'증기 유출이 일어났다' 는 장면이 오고 그 다음에 바로 'at + the No.3 reactor' 가 온다. '증기 유출' 이 접한 대상이, 즉 사고가 일어난 지점이 '제3번 원자로' 라는 얘기다. 그리고 이어서, 그 '3번 원자로' 가 접하고 있는 대상이 '원자력 발전소' 이다. 주어에서부터 순서대로 위치해 있는 것들이 나열 됨으로써 그 모양이 머릿속에 시원스럽게 그려지지 않는가? 그리고 위치를 차근차근 더 확대해 나아가 보면 원자력 발전소가 in(안)에 있고, 이를 둘러싼 것이 '도쿄' 이고, 그 지역보다 더 넓은 곳인 '일본' 이 이어졌다. 주어로부터 점차 시야가 확대되는 게 느껴질 것이다.

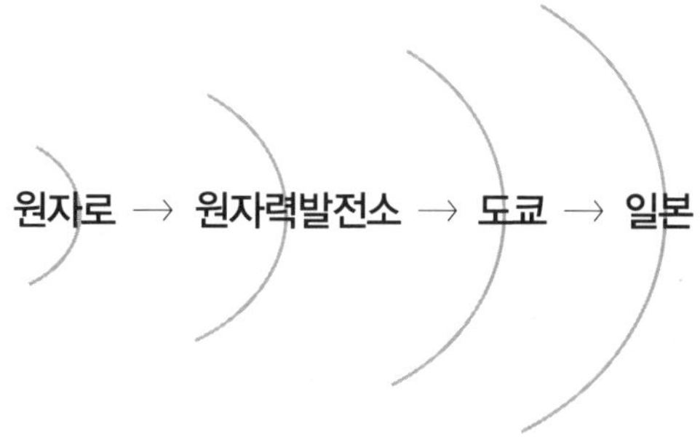

정리해보면, '수증기' 가 나부끼듯 나오고 있는데 나오는 곳을 보니 '시설물' 이다. 그리고 그 시설물에 대한 부가 설명이 이어진다. 그곳에서는 '한 증기 유출' 이 일어났었다. 그리고 그 시설물 안으로 시선을 옮겨서, 사고가 발생한 위치를 확인해 보니 바로 '제3번 원자로' 였으며, 원자로가 있는 곳은 '원자력 발전소' 로 둘러싼 위치가 '도쿄' 이며, 다시 확장해 가면 '일본' 이다.

23

관용구도 **화살표**만 따라 **순서대로** 그림을 그리면 간단히 **해결**

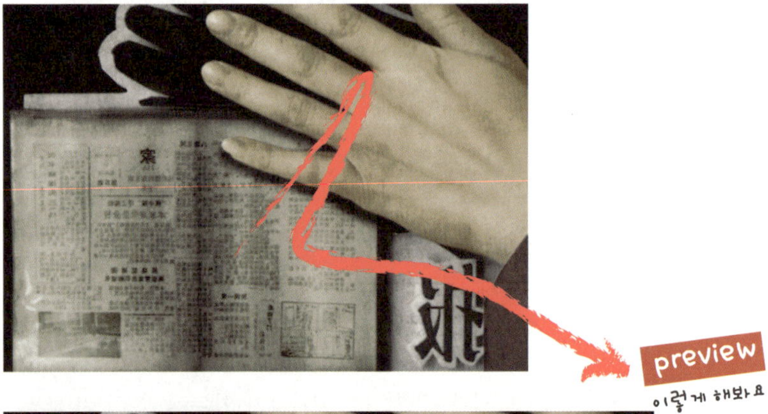

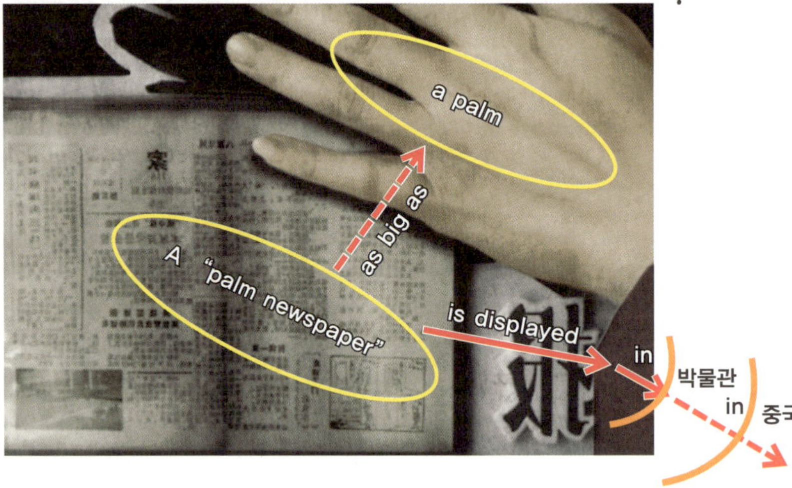

A "palm newspaper", which is as big as a palm, is displayed in the museum, opened in China.

한 '손바닥 신문' → which → 이다 → as → 큰 → as → 손바닥 → 전시되어 있다 → in → 신문박물관 → 열다 + ed → in → 중국.

● A "palm newspaper", which is as big as a palm

사진에 보이는 손바닥만한 신문이 주어다. 거기에 관계사 which로써 곁그림을 그리면서 신문에 대한 부가 설명이 시작된다. which가 주어이니 존재를 나타내는 be동사가 오고, 그 뒤에 as big as가 이어졌다.

is as big as a palm

which

A "palm newspaper",

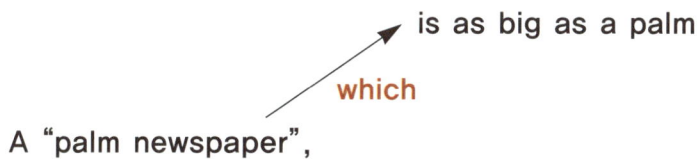

which is as big as a palm을 사진과 순서대로 비교해보자.

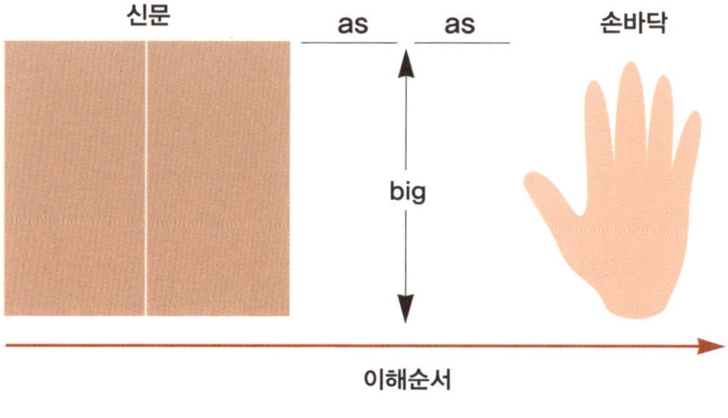

as big as a palm을 "손바닥만큼 크다"로 해석하면 간단할 듯 보이지만, 이는 영어식 사고 형성에는 독약이다. 주어인 신문에서부터 '크기'를 생각해 보고 나아가서 비교 대상인 '손바닥'으로 이어져야 한다. 먼저 주어인 '손바닥 신문'이 as big이다. as의 기본 개념인 '='을 적용하면, "손바닥 신문이 이만큼(=) 크다". 그리고 또 as가 왔다. '같은 크기인 것'이 신문 위에 대어보는 "한 손바닥"이다. 즉 '손바닥 신문 → 이만큼 → 큰 → 같은 정도는 → 한 손바닥'이 되는 것이다.

그리고 나서, which를 통해 곁그림으로 빠져 나갔던 주어 A palm newspaper에 이어 is로써 다시 본그림이 그려진다.

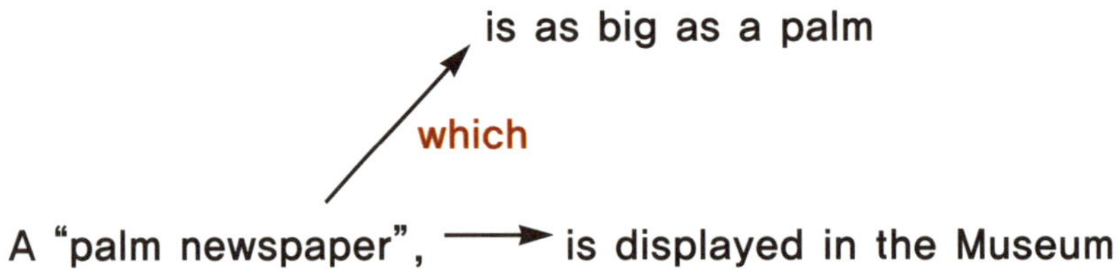

주어인 '손바닥 신문'이 전시되어 있다. 장소는 '박물관'.

● opened in China.

Museum 뒤에 opened가 이어지면서, 명사인 '박물관'을 기점으로 다시 곁그림이 시작되고 있다. 그런데 관계사와 be동사가 생략되고 바로 open의 과거분사인

opened만 남아 있다. 이것도 나중에 설명이 되니, 여기서는 그냥 상식적으로 따져 박물관이 문을 여는 게 아니라 박물관의 문이 열리게 된다는 점을 떠올려보면 될 것이다. 이렇게 굳이 문법적인 설명을 들먹이지 않고 먼저 내용상으로 이해하는 것이 더 중요하다. 문법이란 의사소통을 위해 존재하는 것뿐이다.

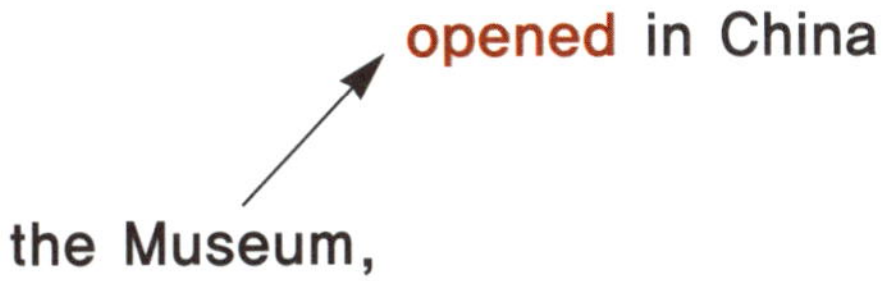

in China도 장소에 대해 시야가 확장되는 순서대로, '박물관' 이 문이 열렸는데 그 장소를 둘러싼 것이 중국이다.

24 / 독립된 **그림**과 **그림**을 **연결**하는 **화살표 (접속사)**

preview 이렇게 해봐요

Oprah Winfrey poses atop a car while she is surrounded by some of the people from the audience of her show outside her studio.

오프라 윈프리 → 포즈를 취하다 → atop → 한 대의 자동차 → while → 그녀 → 둘러싸여있다 → by → 일부 → of → 사람들 → from → 관객들 → of → 그녀의 쇼 → outside → 그녀의 스튜디오.

● Oprah Winfrey poses atop a car

사진에서 보듯 토크쇼 진행자 '오프라 윈프리' 가 앉아 있는 포즈를 취하고 있다. 그리고 이어진 atop은, 윈프리가 앉아 있고 그 앉아 있는 위치가 바로 **atop**, 즉 '꼭대기' 란 얘기이다. 단어가 생긴 모양도 'a+top' 이다. a의 어원이 on이므로, atop은 앞에 나온 단어가 접한 면이 바로 top(정상)이란 의미이다. 그러면 순서대로 다음에 나올 말은, 무엇인가의 꼭대기에 있다고 했으니 그 아래의 '몸체' 가 오지 않겠는가. 그 몸체가 바로 a car 이다.

이미 확인해 봤듯이, 앞으로는 atop을 "~의 꼭대기에"라는 식으로 해석하지 말자. 어순대로, 윈프리가 꼭대기에 포즈를 취하고 있고, 그게 어디의 꼭대기인가 하고 아래로 시선을 옮겨보니 '자동차' 인 것이다. 결코 어순을 바꿔 이해하지 마시라!!

● **while she is surrounded by some of the people from the audience of her show**

하나의 그림이 끝나고, while을 기점으로 새로운 그림이 시작되고 있다. 이전에 했던 방법이야 뒤로 이어지는 문장을 다 해석하고 난 뒤 그걸 가져다가 "~ 하는 동안에"라고 하는 것이었지만, 이건 따지고 보면 참으로 엉뚱한 방법이다. 영어란 있는 모습 그대로 이해하면 그만이다. 이제부터는 그냥 **while은 "동시간대에 일어나는 일은~"**이라고 새기면 된다.

while에 이어 주어인 '그녀'가 온다. 사진을 보면 지금 윈프리가 둘러싸고 있는가? 아니면 둘러쌈을 당하고 있는가? 당연히 둘러쌈을 당하고 있다. 힘을 받는 것이다. 그래서 surrounded는 surround의 과거형이 아니라 be동사와 함께 쓰여 힘을 받았음을 나타내는 과거분사 형태임을 알 수 있다. 그 다음에 그 힘의 원천을 나타내는 by를 통해 둘러싼 사람들이 some of the people이라는 것이다. 그 사람들이 온 곳이(from) 어딘가 보았더니 바로 the audience(관객)이며, of로써 그 밀접한 관계를 보니 바로 '그녀의 쇼'이다.

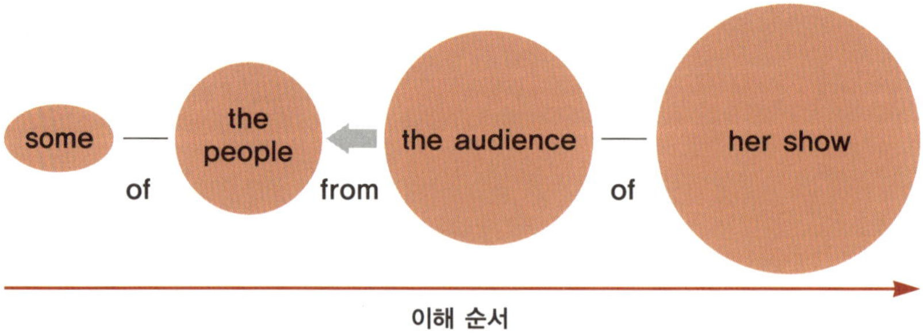

● outside her studio.

그리고 이 일이 일어난 장소가 바로 outside(바깥)이다. 어떤 기준점의 '밖' 에 있다니 그러면 그 상대되는 '안' 은 뭘까? 그게 바로 '그녀의 스튜디오' 이다.

자, 사진을 다시 보자. 사진 중앙에 나오는 사람이 유명인사인 '오프라 윈프리' 다. 그 주어 다음에 당연히 동작이 왔다. 윈프리가 취하는 '포즈' 를 따라가보니 '앉아 있다' . 앉아 있는 위치가 '꼭대기' 이고, 아래를 보니 있는 것이 '한 대의 자동차' 이다. 그때 동시간대에 일어난 일은, 그녀가 둘러싸여 있다. 둘러싼 '일부의 사람들' 이 보인다. 원래 전체는 '사람들' 이었다. 그들의 출발점은 '관객들' 이며, 그 관객이 있던 곳은 '그녀의 쇼' 이며, 지금 '바깥' 쪽에 있다. 사진에는 안 나오지만, 이 장소의 안쪽은 '그녀의 스튜디오' 이다.

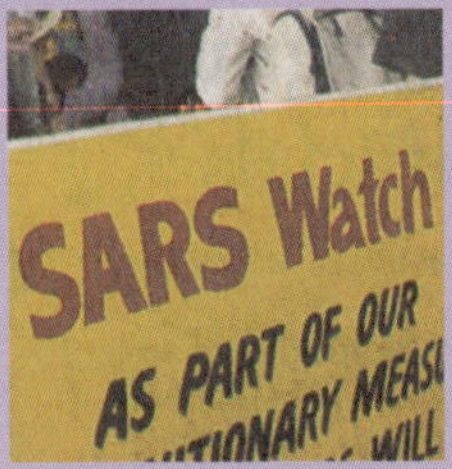
SARS Watch
AS PART OF OUR

4

거침없이 말늘리기의 특급 노하우

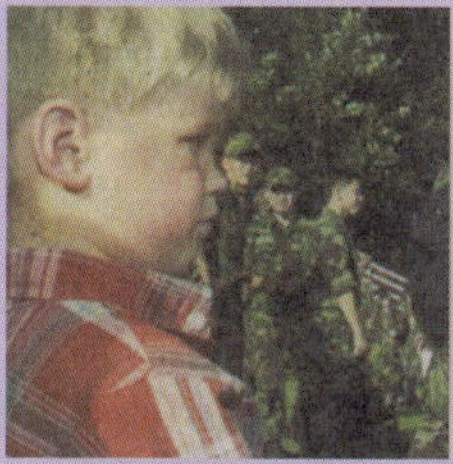

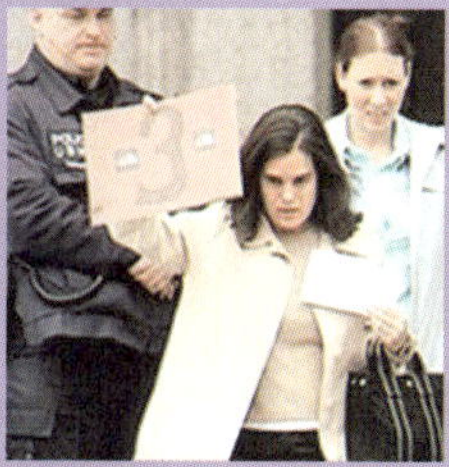

25/ 앞으로 날아가는 **화살표**를 따라 **거침없이 말늘리기 (1)**

preview
이렇게 해봐요

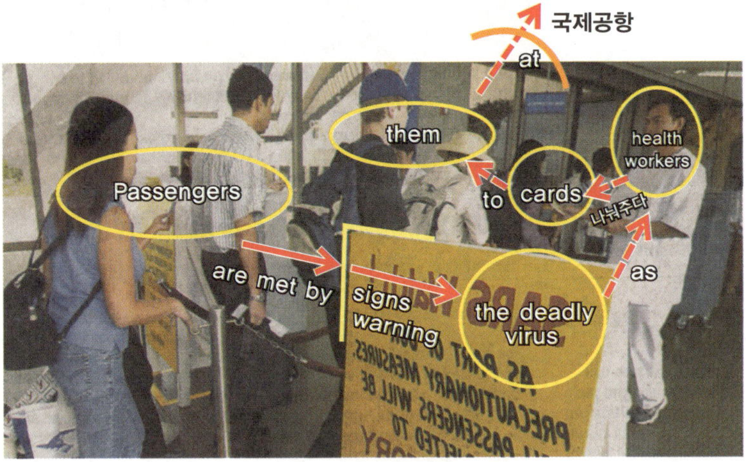

Passengers are met by signs warning about the deadly virus as health workers distribute medical checklist cards to them at the international airport.

승객들 → 만나게 되다 → by → 안내판들 → 경고하다+ing → about → 치명적인 바이러스 → as → 위생 직원들 → 나누어주다 → 의료 조사 항목 카드들 → at → 국제공항.

줄을 서서 입국하고 있는 사람들, passengers가 주어다.

● Passengers are met by signs warning

Passengers 다음에 are met가 나왔다. be동사와 함께 meet의 과거분사 met가 나왔으니, 힘을 받는 것이므로 "만나게 되다"이다. 승객들을 만나게 하는 힘이 나온 원천은(by) signs(안내판들)이다. 이렇게 그림이 하나 완성되었다.

그러고 난 후 signs에 이어서 또 '동사 + ing' 형태인 warning이 이어졌다. 명사 다음에 등장한 '동사ing'가 곁그림인지는 사진을 통해 순서대로 나가다 보면 분별이 될 것이다. 그냥 'signs(안내판들) → 경고하다 + ing(곁그림) 이라고 순서대로 이해해가면 그만이다.

warning them

Passengers ——→ are met by signs ↗

● (signs warning) about the deadly virus

about가 나왔으니, "치명적인 바이러스에 대해서"라고? 아니다. 그렇게 되면 우리말 이해의 순서와 영어 이해의 순서가 서로 어긋나지 않았는가? 'signs warning → **about** → the deadly virus' 의 순서 그대로, 함께 사이좋게 가야 한다.

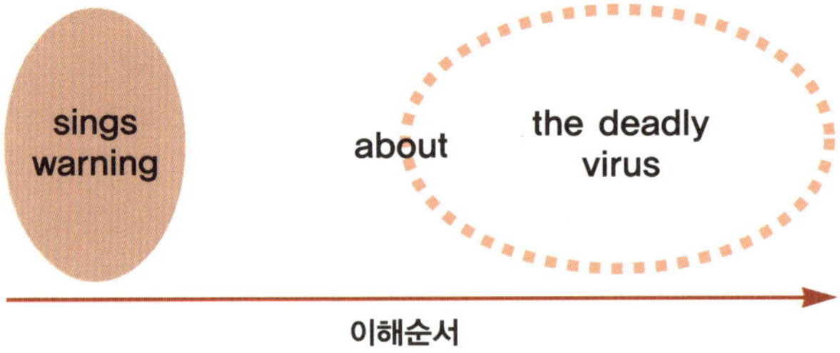

'signs가 경고하는 것' 자체가 빙 둘러 주위에 있고, 그 안에 있는 것이 virus이다. 바이러스 주위에 뭔가가 빙 둘러싸고 있는 상태임을 보여주는 게 바로 about이다. 그 둘러싼 것들엔 바이러스의 치명적인 피해, 예방법, 감염 경로 등등 많은 요소들이 있을 수 있다. 바로 그것들을 말하는 것이 about인 것이다. 그리고 물리적 순서로 따져봐도, 이 '바이러스' 로 접근할 때 바이러스를 둘러싸고 있는 여러 요소들을 먼저 거친 뒤에 바이러스 자체와 만나게 되는 것 아닌가. 그래서 단어의 어순 및 이해의 순서에서도 바이러스가 오기 전에 about가 앞서 나와 있는 것이다.

다른 예를 두 개 더 보자.

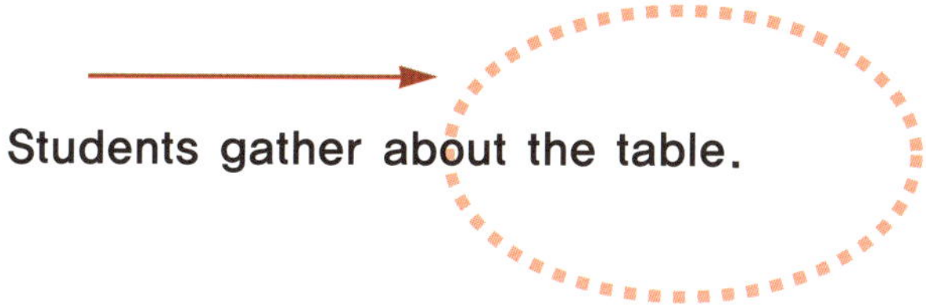

순서를 잘 살펴보자. 시선을 주어인 '학생들' 로부터 이동해보기 바란다. 영어는 그냥 순서대로의 배열이다. 학생들이 모이는데, 학생들이 모이는 모양이 어떠한지가 먼저 보이고, 그 모인 곳의 중심에 탁자가 있음을 알게 되는 것이다. 탁자가 보이기 전에 학생들과 탁자 사이의 뭔가가 먼저 온다. 즉 '모이는 것' 과 '탁자' 사이의 관계이다. 그것이 바로 **about**이다.

직접 '10시' 로 다가가기 전에 먼저 '10시' 주변을 둘러싼 테두리 같은 것이 있다. 결국 '10시 언저리' 를 말하는 것이다. 그렇다 보니 의미가 "약 10시"가 되는 것이다.

about가 위 그림에서 보듯 점선처럼 그 느낌이 드문드문인 데 비해, **around**는 앞 단어의 둘러싸는 동작이 강조된다. 그래서 남기는 자취가 실선처럼 죽 이어진 느낌이다. 해외여행을 다녀왔을 때 travel about the world이라 하면 연달아서가 아닌 여기저기를 다닌 것이고, travel around the world라면 연이어서 세계 일주 코스로 다녀온 경우라고 할 수 있다. 그래서 around-the-world는 "세계 일주"이다.

● as health workers distribute medical checklist cards to them at the international airport.

같은 때에 일어난 일은(as) → 위생 직원들이 나누어주고(distribute) 있다 → 힘을 받는 대상은 의료 조사항목 카드들(medical checklist cards)이다 → 조사항목 카드들이 나아가서 만나는 것은 (to) → 승객들 → 접한 것은(at) → 국제공항이다.

Arrow Target

● A + about + B : A가 주위를 둘러싼 대상은 B

about 10:00 (약 10시)
around-the-world (세계 일주)

26 앞으로 날아가는 **화살표**를 따라 **거침없이 말늘리기 (2)**

preview
이렇게 해봐요

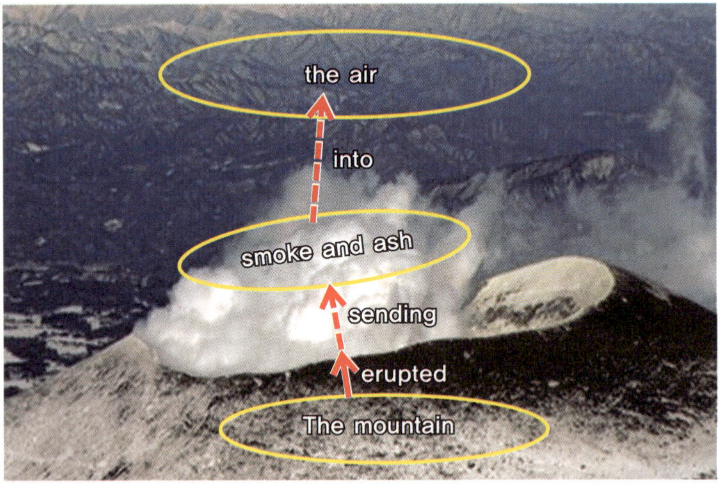

The mountain, which is still an active volcano, erupted sending smoke and ash thousands of meters into the air.

산 → which → 이다 → 여전히 → 활발한 화산 → 분출했다 → 보내다 +ing → 연기와 재 → 수천 → of → 미터들 → into → 공중.

● **The mountain, which is still an active volcano**

'산'이 주어이다. 그 다음에 관계사 which가 나왔다 주어에 대해 빠져서 좀 더 말하겠다는 표시라고 보면 된다. '산' → which → 이다 → 여전히 → 활발한 화산이다.

● **erupted, sending smoke and ash**

이제서야 본그림의 동사가 나왔다. '산'이 분출했다(erupted). 그리고 sending(동사+ing의 형태)이 이어진다.

(The mountain erupted) → sending smoke and ash thousands of meters into the air.

〈The mountain erupted〉 → sending smoke and ash, 즉 '산 → 분출했다' → '그것 → 보냈다 → 연기와 재', 이렇게 두 그림을 그냥 동사ing로 연결한 것이

다. sending을 복원해보면, 〈**and it sent smoke and ash**〉 가 될 수 있다. 여기서 접속사 and와 반복되는 it을 생략하고, send의 과거 시제도 앞 문장으로 충분히 알 수 있으므로 생략하니, 바라보는 시점에서의 동작만 관심사가 되어 〈**send + ing**〉 이 된 것이다. 이렇게 **동사ing가 등장하면 명사나 문장에 이은 곁그림이라고 보고, 명사에 이은 것인지 문장에 이은 것인지는 그냥 "바라보는 시점에서 일어나는 동작은~"이라고 이해**하고 나아가면 나머지는 문맥에서 다 구분이 된다.

● thousands of meters into the air.

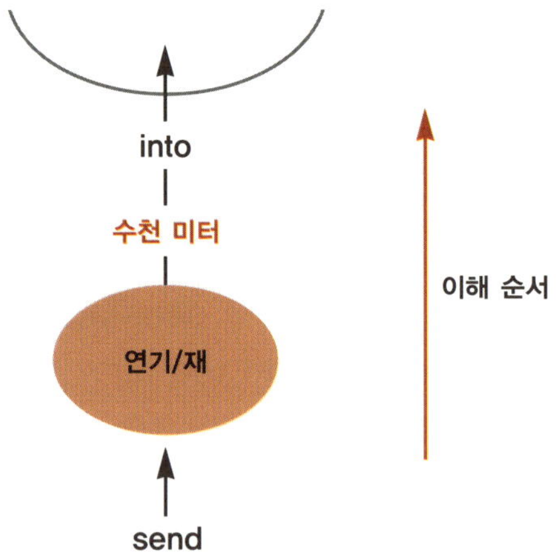

send의 힘은 앞으로 미는 push의 힘(→)이다. 그렇다면 힘의 연속성을 생각해볼 때 → 에 이어 밀리는 대상이 나오고, 밀린 결과 이동되어 어디론가 간다. 그래서 → 의 힘을 가진 to, into가 이어지는 것이다. → 와 → 라는 힘의 연속이다. 그런데 into되기 전에, 먼저 수천 미터를 가고 난 후에 into the air되었다.

Arrow Target

● send~ into ~

보내다(send)의 힘은 앞으로 미는 힘이다. 힘의 연속성 측면에서, send의 목적어가 나오고 그 목적어가 미는 힘을 받아서 전진하는 것이므로 전치사 가운데 힘의 흐름이 맞는 to나 into가 이어진다.

I will send my son to school.
(나 → 할 것이다 → 보내다 → 나의 아들 → 목적지는 → 학교.)

27 앞으로 날아가는 **화살표**를 따라 **거침없이 말늘리기** (3)

preview
이렇게 해봐요

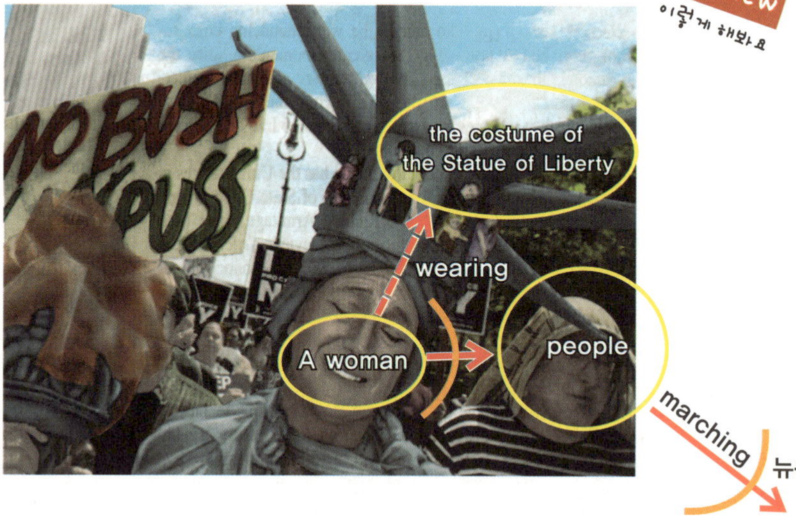

A woman wearing the costume of the Statue of Liberty is among people marching in New York in support of women's rights.

한 여자 → 입다 + ing → 의상 → of → 상(像) → of → 자유 → 있다 → among → 사람들 → 행진하다 + ing → in → 뉴욕 → in → 지지 → of → 여성의 권리들.

● A woman wearing the costume of the Statue of Liberty is

사진에 보이는 울고 있는 여자가 주어다. 바로 이어진 게 wearing으로 '동사 ing' 다. 명사에서 시작되는 곁그림의 모습으로, '입고 있다 '의 뜻이 된다. 있고 있는 것은 의상이고 of 를 통해 '상 → of → 자유' 가 이어진다. 그림에 보이는 것은 뉴욕시(New York 항구의 Liberty Island)에 서 있는 '자유의 여신상' 이다. 이 '자유의 여신상' 도 순서대로 보면, 일단 상(statue)이 먼저 인지되고, 더 구체적으로 나아가보니 그게 나타내고자 하는 바가 바로 자유(liberty)인 것이다. 그 둘의 밀접한 관계라면 겉모습과 본질 아니겠는가. 자, 다시 순서대로 이해를 시도해보면 '한 여자 → 입혀지다 → 나타난 모습은 → 자유의 여신상' 이 된다.

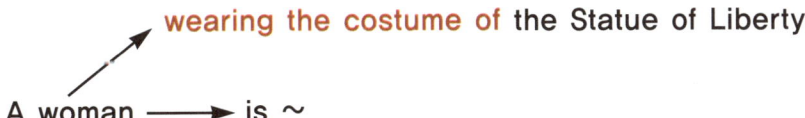

wearing the costume of the Statue of Liberty

A woman ——→ is ~

● among people

앞 관문들에서 익히지 않은 among이 나왔지만, 무조건 영한사전으로 달려갈 게 아니라 먼저 문장에서 그 의미를 찾아보는 게 중요하다고 강조한 바 있다. 사진과 문장을 주어에서 순서대로 맞비교해가다 보면 살아 있는 among의 의미를 찾아낼 수 있다. 많은 사람들에게 둘러싸인 가운데 한 여자가 있는 사진이다. 기사 문장은 'A woman(한 여자) → among → people' 이다. 그렇다면 문장과 사진에서 파악되는 **among의 의미는**, 순서대로 한 여자가 **"가운데 있고, 그 주위를 둘러싸고 있는 것들은"** 사람들이 되지 않겠는가.

사전에는 '~ 가운데' '~ 중에' 등으로 풀이되어 있지만, 문장에 씌어진 순서와는 거꾸로 간 해석으로 한국말 번역에는 도움이 되겠지만 원어민식 언어사고와는 어긋나는 것일 뿐이다. 전치사는 항상 앞에 나온 단어의 위치를 알려주는 것이 주임무이다. '가운데' 다음에 이어지는 말이야 순서상 그 가운데를 두고 '둘러싼 것(주위)' 이 나오지 않겠는가. 그렇다면 구태여 둘러싸니 마니 하는 말도 필요 없으므로 바로 '둘러싼 것 그 자체' 가 이어지는 것이다. among 뒤에 people이 바로 오듯이.

앞 관문에서 나온 바 있는 amid와 비교해보면, 생김새가 유사하듯이 의미도 비슷하다. 하지만 **among은, 둘러싼 것들이 주로 셋 이상(복수형이나 집합명사)인 경우에 쓰인다. amid는 흔히 셀 수 없는 것들이 둘러싸고 있음을 나타내며, 단수형이 올 때가 많다.**

● marching in New York,

역시나 명사에서 시작되는 곁그림 '동사ing' 이다. 앞에 나온 명사가 직접 동작을 하는 형태이다. 사람들이 행진하고 있다. 장소는(in) 뉴욕이다.

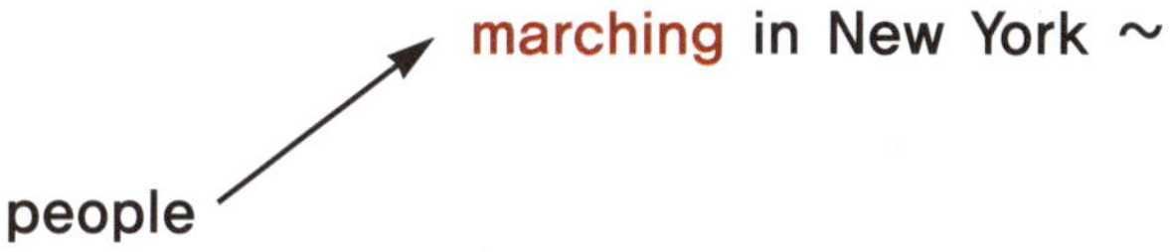

● in support of women's rights.

'A + in + B' 가 기억날 것이다. 즉 marching을 하는 그림이 안에 있고, 둘러싼 것이 바로 support(지지)이다. 전치사 in을 사용해서 행진하는 배경 그림을 그렸다. 지지하는 대상은(of) '여성의 권리들' 이다.

28 앞으로 날아가는 **화살표**를 따라 **거침없이 말늘리기 (4)**

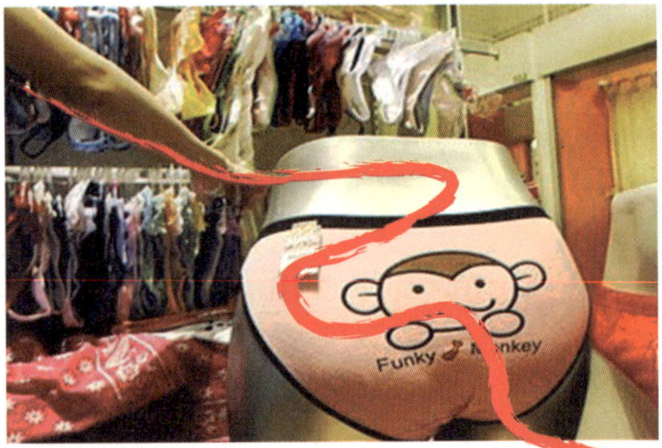

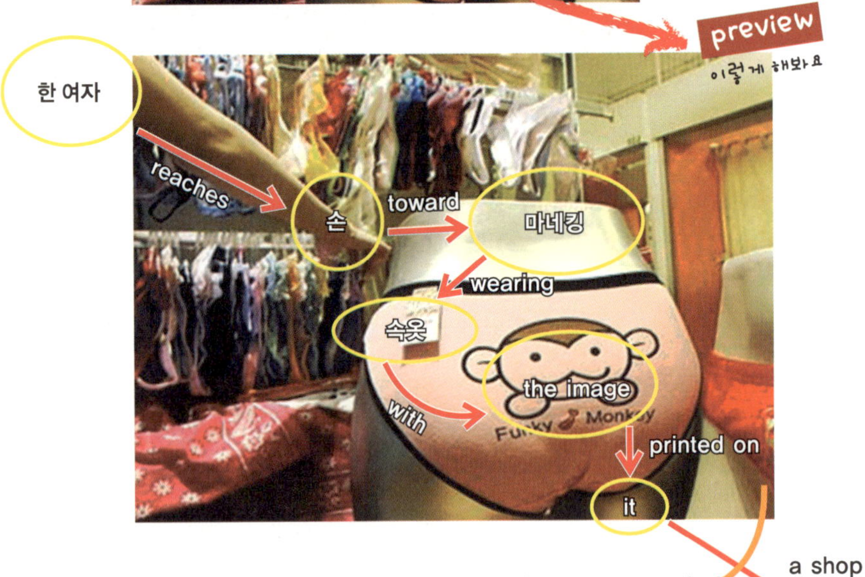

A woman reaches her hand out toward the mannequin wearing underwear with the image of monkey printed on it in a shop.

한 여자 → 뻗치다 → 그녀의 손 → out → toward → 마네킹 → 입다 +ing → 속옷 → with → 이미지 → of → 원숭이 → 프린트하다 + ed → on → 그것 → in → 상점.

이 문장 내에서 전치사를 비롯한 기능어가 차지한 비율이 얼마나 될까? 'a' 까지 포함하면 거의 50%에 육박한다. 이러한 기능어들은 이미 중학교 수준에서 나온 단어들이기에 여러분들은 아무리 그 외의 다른 단어들을 모른다 치더라도 문장의 50%는 쉽게 이해가 되어야 정상이다. 그러나 실전에서, 특히 '듣기' 에서는 50%도 안 들린다. 이처럼 사실 우리는 단어(내용어)를 많이 몰라 영어를 제대로 못하는 것이 아니다.

쉬운 말인 것 같으면서도 out, toward, of, with와 같은 기능어들이 자연스럽게 원어민의 관점으로 이해되면서 그림이 그려지지 않기 때문에 영어가 마냥 어렵게 느껴지는 것이다. 사람들이 흔히 "단어를 다 찾았는데도 이해가 안 된다"고 하는 말을 자주 한다. 그것이 바로 영어 전체를 이어주는 연결고리 구실의 전치사나 관계사, 접속사와 같은 기능어를 원어민 방식대로 제대로 알고 있지 못하기 때문이다.

● A woman reaches her hand out toward the mannequin

주어(a woman) → 동작(reach) → 대상(her hand) → 방향 1(out) → 방향 2(toward) → 목표물(the mannequin) 이러한 사진과 문장의 연속된 일치에서 보듯이, 전치사 toward는 동작이 밖으로 분출되어 목표물에 이르는 사이에 위치해 있다. 동사 reach는 손을 뻗치는 동작이니 → 방향이다. 그리고 out도 역시 위치가 '밖' 이다. 더불어 toward는 그 뻗친 동작이 더욱더 → 방향으로 전진하도록 이어주고 있다. 이처럼 영어에서는 동사에서부터 이어지는 힘의 연속성이 대단히 중요하다.

영어는 주어에서부터 나오는 힘이 대상에 가해지고 그 대상이 그 힘을 받은 결과 어떻게 되는지가 순서대로 말이 나오게 되어 있는, 너무나 자연스럽고 쉬운 언어이다. 그래서 주어에서부터 동사, 목적어, 전치사를 거치는 동안 일어나는 힘의 연결은 물 흐르듯이 자연스럽게 이어질 수밖에 없다. 정확히 논리적인 순서에 입각하여 단어를 나열하는 순서가 중요하다. 일단 어떤 단어를 시작점으로 하면, 그 시작점으로부터 과학적으로 순서대로의 기본 원칙에 의해 단어를 나열하면 된다.

toward를 사전에 찾아보면 '~ 쪽으로' '~을 향하여' 라고 toward 뒤에 나오는 단어에서부터 거꾸로 해석되어 있다. 하지만 그렇게 하면, 주어에서부터 시작된 힘의 연속성을 거스르는 아주 심각한 결과를 초래한다. 그저 앞으로 앞으로 나아가는 toward를 있는 그대로 봐주기 바란다.

사진에서 보면 손끝에서 toward의 화살표가 나아가서 그 목표가 '마네킹' 이 되는 것이 확연히 보이지 않는가? 따라서 **toward의 의미는 "향하는 대상은~"** 이다. 이처럼 원어민이 실제로 말을 배우면서 접하는 그 생생한 장면과 같은 사진이나 그림을 통해서 배우는 영어가 살아 있는 영어다.

비교하자면, **toward는 to보다 좀 막연하다. 단지 방향을 가리킬 뿐이고, 도착의 뉘앙스는 없다.** 숲 속에서 길을 잃었다고 가정해보자.

I walked toward the south.

(나 → 걸었다 → 향하는 대상은 → 남쪽.)

이 같은 경우 to와는 달리, 막연히 남쪽이라 여겨지는 방향으로 걸어가는 것을 말한다.

● (the mannequin) wearing underwear with the image of monkey

the mannequin 다음에 이어진 wearing은 명사에 바로 '동사+ing' 가 붙은 경우이니, 볼 것도 없이 the mannequin 에서부터 다시 새로운 독립된 그림이 시작된 것이다. 〈the mannequin which wears〉에서 관계사, 시제가 생략된 것이다. 그래서 바로 본 내용에 해당하는 동사가 이어졌다.

wears underwear

'the mannequin → wears → underwear' 의 순서로 '주어 → 동작 → 대상' 이다. 그 대상 underwear에 대한 설명이 'with → the image → of → monkey' 순서로 이어진다. '속옷' 과 함께 있는 것이(with) '이미지' 이다. 그 이미지와 밀접한 관계를 맺고 있는 것이(of) '원숭이' 이다. 이렇게 of를 기본 의미인 '밀접한 관련이 있는 것은' 이라고 새기고 매끈한 한국말로 찾아서 번역하는 수고를 하지 않아도, 머릿속에서는 이미지의 대상이 '원숭이' 임을 이해 할 수 있지 않은가? 이것이 바로 인간 두뇌의 기본적 인지력이자 이를 최대한 활용하는 것이 살아 있는 언어 학습법이다.

● (the image of monkey) printed on it in a shop.

명사는 주어의 역할을 함으로써 그것을 기점으로 새롭게 그림을 그릴 수 있다. wearing은 '동사+ing' 의 모습인 데 반해 printed는 '동사 + ed' 의 형태이다. 명사가 힘을 받는 곁그림의 형태이다. 명사인 the image of monkey가 다시 주어의 역할이 되고, 그 다음으로 동사인 printed가 이어지면서 주어가 힘을 받게 된다. 주어인 the image of monkey가 인쇄를 하는 것이 아니라 인쇄가 되었다는 얘기다. 그리고 인쇄된 '원숭이 이미지' 가 접면하는 대상이 '속옷' (on it)이다.

이러한 곁그림이니 동사ing니 동사ed니 하는 말들을 다 제쳐두고도, 사진과 비교하면서 문장을 차근차근 단어 순서대로 맞춰 나갈 때 이해에 전혀 지장이 없는 것을 보면 '문법' 이 절대 의사소통 위에 존재하는 것이 아니라 단지 의사소통을 도와주며, 헷갈리지 않도록 배려하는 차원의 도우미임을 재삼 확인할 수 있다.

그런 의미에서 전체 사진 속 장면의 동선을 나타내는 화살표를 따라가 보자. 사진의 왼편에서 '손' 이 등장하고 있다. 이 손의 주인공이 주어인 a woman이다. 그녀가 뻗친 것은 '그녀의 손' , 방향은 '바깥쪽' 이다. 그리고 향하는 대상은 '마네킹' 이다. 마네킹이 입고 있는 것은 '속옷' 이다. 속옷과 함께 있는 것은 '이미지' 인데 '원숭이' 이다. 그 이미지가 '프린트' 되어 있는데 접한 면은 '속옷' 이다. 이 일들이 일어난 곳은 '상점' 이다.

Arrow Target

● **toward** : 향하는 대상은 ~

toward는 to에 비해 단지 막연한 방향을 가리킬 뿐이고, '도착' 의 의미까지는 없다.

The sunflower turns toward the sun.
(해바라기 → 돌다 → 향하는 대상은 → 해.)

● **명사 + 동사ed/동사ing**

명사에서부터 다시 독립된 그림이 시작된 것이다.

- **명사 + 동사 ing** : 명사가 힘을 가한다.
- **명사 + 동사 ed** : 명사가 힘을 받는다.

29 앞으로 날아가는 **화살표**를 따라 **거침없이 말늘리기 (5)**

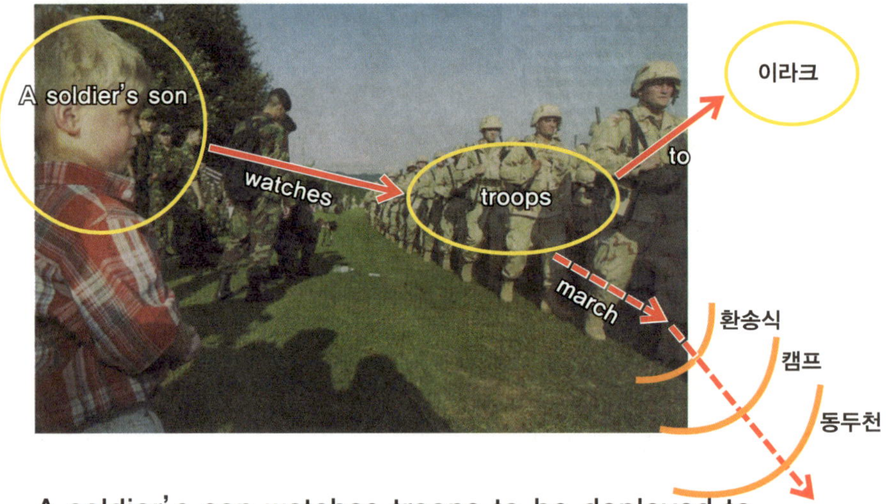

A soldier's son watches troops to be deployed to Iraq as they march in a farewell ceremony at the camp in Dongducheon.

한 군인의 아들 → 보다 → 병사들 → to → 배치되다 → to → 이라크 → as → 그들 → 행진한다 → in → 환송기념식 → at → 캠프 → in → 동두천.

사진 왼쪽에 눈물을 머금은 듯한 '한 아들' 을 보자. 이 아이가 하는 동작이 무엇인가? '보고 있다' 이다.

● A soldier's son watches troops to be deployed to Iraq

이 watch의 대상이 바로 병사들(troops)이다. 이어서 'to + 동사원형' 의 새로운 모습으로 곁그림이 등장하고 있다. 명사 troops에서 곁그림을 그리는 본래 모습은, troops가 사람들이니 관계사 who를 사용하고, 사진에서 대충 내용 짐작이 되겠지만, 이 군인들은 앞으로 '파견될 예정' 이니 will이나 shall을 사용해서 **〈who will be deployed〉** 정도였을 것이다.(조동사는 will일 수도 있고, 명령에 의해 결정이 된 일이니 shall일 수도 있다.)

〈troops who will be deployed〉에서 간략히 **〈troops to be deployed〉**기 되는 과정을 한번 살펴보자. 먼저, 생략해도 이해에 지장이 없는 관계사 who를 생략한다. 다음 단계로 본론에 해당하는 will be deployed에서 시제를 생략해보자. 시제를 생략한다는 말은 시제를 무시하고 바라보는 그 시점에서 동사가 어떠한 상태인지를 보자는 것이다. 그런데 will be deployed의 경우, 현재 진행 중인 동작도 아니고, 이미 완료된 동작도 아니다. 단지 '앞으로 일어날 가능성이 있는 동작' 이다. 그래서 동사ing나 동사ed를 사용할 수 없다. 그렇다면 시제와 상관없이 바라보는 시점에서 아직 일어나지 않은 동작을 알려줄 방도가 없을까? 정답은, will에서 시제를 쏙 빼낸 자체를 대신할 말 'to' 이다.

그럼 왜 그 많은 말들 중에서 하필 to일까?

여기서 잠깐 to의 기본 개념에 대해 다시 한번 상기해보자. to는 어떤 목표를 향해 이어져 있다. →로 여기면 딱이다. 자, 동사 앞에 to의 기본 개념인 →의 의미를 놓아보면 주어 입장에서는 to라는 화살표를 거쳐서 동사에 이르게 된다. **결국 to 다음에 이어진 동사의 동작이 일어나기까지의 중간(주어+to+동작)에서 그 시간 간격 자체를 to가 대신하고 있는 것**이 된다. 즉, 앞으로 일어날 동작의 의미까지를 포함하게 되는 것이다. 그래서 **'앞으로 일어날 가능성이 있는 동작' 이나 '앞으로 일어날 동작' 의 경우 'to + 동사원형' 을 사용**할 수 있는 것이다.

'to + 동사원형' 자체만으로 시제를 알 수는 없다. 단지 기준이 되는 시점에서 앞으로 벌어질 동작이라는 것만 나타낼 뿐이다. 그래서 과거의 시점에서 바라보는 경우라면 '현재' 나 '미래' 에 일어날 동작이 될 수도 있으며, 현재 시점에서 바라보는 경우라면 '미래' 에 일어날 동작이 되는 것이다. 영자신문을 보면, 헤드라인에서 'to + 동사' 로써 미래를 나타내는 will 대신 많이 사용한다는 사실을 아는가? 바로 to의 기본 개념을 가져다 사용하는 것이다. 이로써

〈troops who will be deployed〉가 최종적으로 〈troops to be deployed〉의 모습을 갖게 된 것이다.

동사 deploy의 의미가 '배치하다' 이니 be deployed는 troops가 힘을 받아 '배치되다' 이고, 앞의 to와 어우러져서 '앞으로 일어날 일이 배치되다' 가 된다. 배치되는 것은 어디론가 이동하는 것이니, 이동하여 목적지에 다다르게 되는데(to) 그 목적지가 바로 '이라크' 이다.

무조건 명사 다음이나, 문장에 이어서 '동사 + ing, 동사 + ed, to + 동사원형' 의 3가지 형태 중 하나가 나오면, "아, 이러한 동사의 형태는 본동사가 아니구나, 옆으로 새는 곁그림을 하나 그리는 거구나~!"라고 알면 백발백중이다. 흔히 여기서 문법에 찌든 예전의 습관을 못 버리고 생략된 접속사가 무엇인지, 관계사가 무엇이었는지 또는 주어, 조동사가 무엇인지 찾아내려고 애쓰는데, **원어민들도 그런 고민 안 하고 편하게 쓰려고 없앤 것들을 더군다나 외국인인 우리가 왜 도로 찾아내지 못해 안달하는지 알다가도 모를 일이다. 그냥 쉽고 편하라고 만들어놓은 대로 이해하고, 사용하면 된다.** 다 생략해도 알 만하니 생략한 것들을, 생략한 결과치만 가지고 우리라고 이해를 못할 리 만무다. 이러저러한 묘안을 찾을 게 아니라, 자신을 가지고 그저 곁그림 그리는 방식으로 자연스럽게 차근차근 이해해 나가자.

● **as they march in a farewell ceremony at the camp in Dongducheon.**

접속사 as가 왔으니, 같은 때에 벌어진 일은 "그들이 행진한다"는 것. 총을 어깨에 메고 줄을 맞추어 행진하는 모습을 사진에서 보라. 이들이 안에 있고 주위를 둘러싼 것은(in) '한 환송기념식' 이다.

그리고 장소가 순서대로 죽 이어진다. 위치는 the camp이고, 이 캠프가 있는 곳(in)은 '동두천' 이다. 조감도가 머릿속에 쭉 그려지시는가?

Memo

30

앞으로 날아가는 **화살표**를 따라 **거침없이 말늘리기 (6)**

TV news producers run out of federal court waving red signs to tell their colleagues of the verdict.

TV 뉴스 제작자들 → 달리다 → out of → 연방 법원 → 흔들다+ing → 붉은 표시들 → to → 말하다 → 그들의 동료들 → of → 평결.

- **TV news producers run out of federal court waving red signs**

preview 이렇게 해봐요 주어가 TV 뉴스 제작자들이다. 사진에 보이는 난리법석인 사람들이다. 그들이 취하는 동사는 run이다. 그 달리는 동작의 위치가 바깥쪽(out)이고, 밀접한 관련을 맺는(of) 것이 federal court(연방 법원)이다.

'out of' 는 사진 속 장면에서 살펴보면 더욱 정확히 의미를 파악할 수 있다. 뉴스 제작자들이 열심히 뛰어 나오고 있는데, 그 뛰어 나오는 곳은 사진 위 왼쪽의 덩치 좋은 경비 아저씨가 지키고 서 있는 뒤쪽 건물(연방 법원)이다. 주어에서부터 동작 순서대로 따져보자.

'뉴스 제작자' 들이 있고, 그들이 '달린다' , 그게 밖이고 빠져 나온 안은 '연방 법원' 이다.

TV news producers → run → out → of → federal court

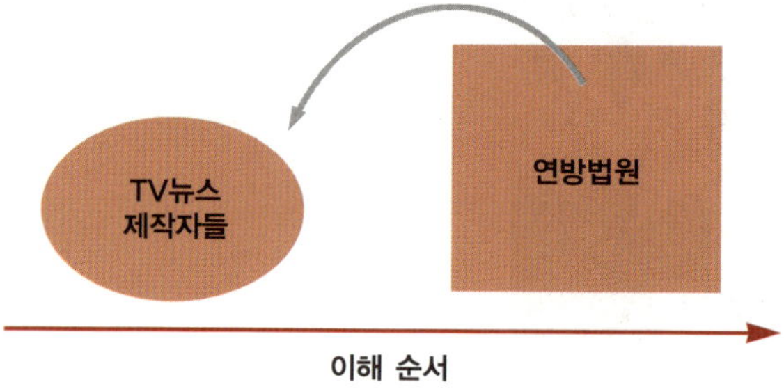

사진과 함께 순서대로 살펴보니 **out of의 의미는 "밖인데 빠져 나온 대상은~"**이 된다. 그러니 예전처럼 "연방 법원으로부터"라고 거꾸로 해석하는 일은 없도록 하자.

여기서 잠깐 **out of와 from과의 차이**는 무엇일지 한번 보자. 둘 다 '~로부터' 라는 의미가 있다. 하지만 '빠져 나온 대상은~' 에서 조금 느꼈겠지만 **out of는 막힘이 있는 곳으로부터 나올 때 쓰인다. 그래서 도망치거나, 만류를 뿌리치고 나올 경우에 out of가 적합하다.** 기사문에서 보면, 빨리 달려 나가고 싶은데 연방 법원 안에 있는 사람들이나 다른 요소들이 방해가 되고 있음을 짐작할 수 있다.

다시 기사문으로 돌아가서, TV news producers run out of federal court에 '동사+ing' 형태가 이어졌다. 문장이 하나 끝나고, 동사ing가 나왔으니, 말늘리기에서 접속사가 생략된 단축형이다. 사진을 보니 wave(흔들다)하는 동작의 주어가 누구인가? 바로 뉴스 제작자들이다.(〈as they wave〉나 〈while they wave〉였는데, 접속사 · 주어 · 시제를 생략하면서 ⟨**waving**⟩이 된 것이다.) waving하는데, 대상은 red sings라는 뜻이다.

● to tell their colleagues of the verdict.

여기서 주의할 사항은, waving으로 시작된 곁그림이 끝나고 난 뒤, 다시 'to+동사' 형태로 to tell이 이어진 대목이다. 다시 곁그림이 시작된다는 신호다. to의 도움을 받아, '하고자 하는 바'가 tell하다는 것인 그림이다. 말하는 대상이 their colleagues(그들의 동료들)이며, of 이어진 것, 즉 그 내용은 the verdict(배심원들이 내린 평결)이다.

이제 전체 흐름을 주어로부터 살펴보자.

'TV 뉴스 제작자들'이 달리는데 밖으로 빠져나오는 곳이 '연방 법원'이다. 그 때 그들은 '흔들고 있다'. 흔드는 대상은 '붉은 표시들'이다. 목적은 '말하는 것'이며 그 대상은 '그들의 동료들'이며 내용은 '평결'이다.

31

화살표를 따라 to 마저 생략하는 단축형 말늘리기

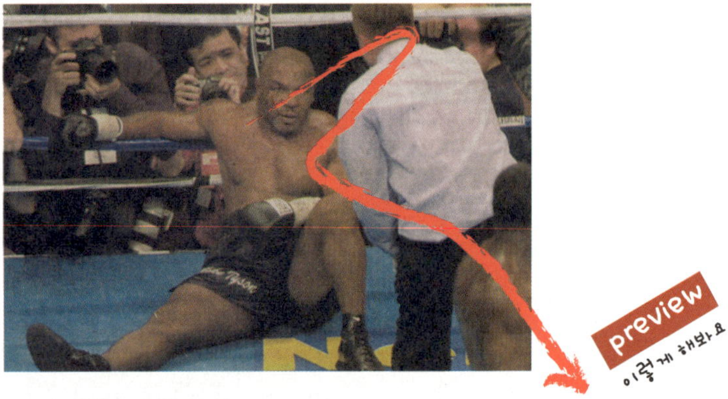

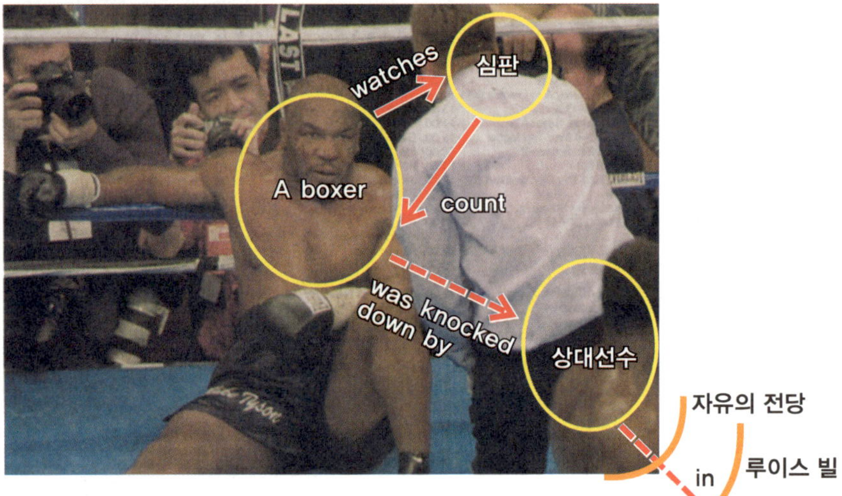

A boxer watches the referee count him after he was knocked down by the opposing boxer at Freedom hall in Louisville.

권투선수 → 보다 → 주심 → 세다 → 그를 → after → 그 → 였다 → 치다 + ed → down → by → 상대선수 → at → 자유의 전당 → in → 루이스빌.

● A boxer watches the referee count him

한 권투선수가 바닥에 주저앉아 있는데, 그가 하는 동작은 watch이다. 보고 있는 대상은 referee(주심). 이렇게 '주어 → 동작 → 대상' 으로써 한 그림이 끝났다. 그러고 나서 이어진 말이 count(세다).

count의 힘을 받는 말은 him(권투선수)이다.

여기서 잠시 학교에서 배운 내용 하나를 떠올려보자. "지각동사, 사역동사 뒤의 동사는 동사원형"이라고 열심히 외웠던 내용 말이다. 그런데 말늘리기에 있어서는 이것저것 다 생략되고 곧바로 동사가 나타나는 경우로 '동사 + ing' '동사 + ed' 'to + 동사원형' 의 3가지가 있다고 했다. 여기 count는 바로 세번째 경우인데, 왠지 to마저 생략되어 있다. 왜 to가 사라졌을까?

주어에서부터 순서대로 이해하는 원칙과 앞으로 나아가는 방향으로 간격이 있는 to의 기본 개념을 적용해보면 저절로 이해가 된다. 자, to는 기본 개념대로 주어와 동작 사이에 '간격' 이 있음을 나타낸다. 그 간격은 시간이 될 수도 있고, 거리가 될 수도 있다. 하지만 바로 주심에서부터 count까지 진행이 되는데 to가 없어졌으니, 간격이 없다는 얘기다. 즉, 권투선수가 watch하는 순간을 잘 따져보라. 어떤 순간을 보는 것이기 때문에, **바라봄을 당하는 대상과 그 대상이 하는 동작 사이에 간격이 있을 수가 없다.** 말하자면, 주심(대상)과 count(그 대상의 동작) 사이에는 어떤 간격(시간차)도 없다. 바라보는 순간, 그 대상이 그 동작을 취하고 있는 상태이다.

이와 같은 종류에 해당하는 동사들은 대개 인간의 오감에 관련되는 것들이다. 보고, 듣고, 느끼고, 냄새 맡고, 맛보는 것에 해당하는 **see, behold, hear, feel, know, watch, observe, notice, look at, listen to** 등이다. 이 동사들 뒤에는 그래서 늘 동사원형이 온다.

● after he was knocked down by the opposing boxer at Freedom hall in Louisville.

after를 통해서 이 일보다 먼저 일어난 일이 그려진다.

주어인 he(넘어진 권투선수)에 이어진 was knocked을 보는 순간 주어가 힘을 받았다는 것을 바로 알아차릴 것이다. knock(치다)의 힘을 받아서 "두들겨 맞다"가 된다. 그 결과 타이슨이 아래(down)로 쓰러졌다. knock down을 그냥 통째로 숙어로 "때려눕히다"라고 암기하지 마시라.

때려눕힌 힘이 나온 원천이(by) '상대편 권투선수' 이다. 장소는 Freedom Hall이고, 더 넓게 확대해본 위치는 '루이스빌' 이다.

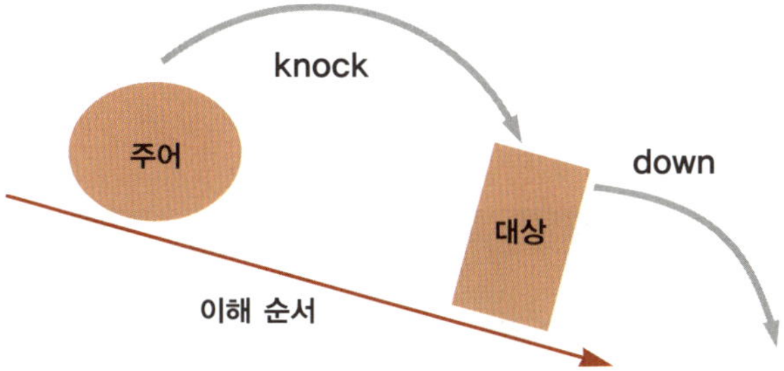

전체 흐름을 점검해보면, 먼저 링에 주저앉아 있는 '타이슨' 으로부터 시작해서 그의 눈이 향하고 있는 '주심' 으로 이동한다. 그가 지금 '카운트' 를 세고 있고 그 결과 타이슨이 KO패를 당한다. 그리고 사진에는 나타나지 않지만 충분히 상상할 수 있는 그 전에 일어난 일을 살펴본다. 바로 그가 '두들겨 맞았는데' 때리는 사람이 상대선수이다. 그리고 이 전체 장면의 장소를 확인한다. 경기장은 '자유의 전당' 이고, 밖으로 나가보니 '루이스빌' 이다.

32

앞으로 날아가는 **화살표**를 따라 **거침없이 말늘리기 (7)**

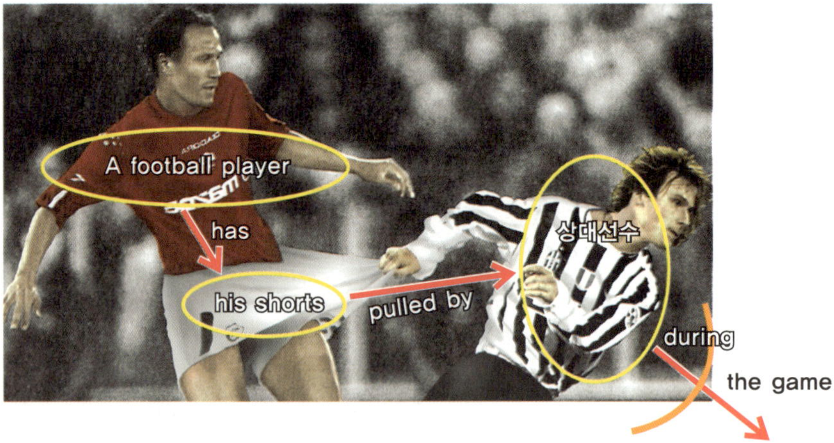

A football player has his shorts pulled by the opposing player during the game.

축구선수 → 가지다 → 그의 반바지 → 당기다+ed → by → 상대팀 선수 → during → 경기.

● A football player has his shorts pulled by the opposing player

주어가 사진의 왼쪽에 있는 축구선수이다. 그런데 그의 반바지가 지금 당겨지는 것이 보이는가? 우리말로는 "그의 팬츠가 당겨지다"라고 하면 되는데, 영어로는 어떻게 표현할까? 우리말과 달리 이렇게 주어가 '그의 반바지'가 아니라 바로 '사람'이 나온 경우는 더욱 난감하다. 하지만 고민할 것 없다. 언제나 영어의 기본 단위를 생각하고 순서를 생각하면 다 해결된다.

문장을 보면, A football player has his shorts pulled by the opposing player. (주어 → have → 그의 반바지 → pulled → by → 다른 선수)의 순서이다.

일단 주어가 소유하고 있는데, 그것이 '반바지'임을 설명한다. 사진에서도 보면, 축구선수가 입고 있는데 그것이 '반바지'임이 '주어 → 동사 → 목적어'의 순서로 파악된다. 그러고 나서 pulled가 왔나. 명사 뒤에 이어지는 설그림이 '동사 + ed'이니, 앞 명사가 힘을 받는 것으로 처리하면 된다. 즉, his shorts(그의 반바지)가 pull(당기다)의 힘을 받아서 "당겨지다"가 된다. 그리고 그 당겨지는 힘이 나온 원천이(by) '상대팀 선수' 임을 알 수 있다.

한국말로 얼마나 매끄럽냐 자연스럽냐를 따지기 전에 어떤 말이든지 주어에서부터 시작하여 단계별로 순서대로 이해하는 것이 영어를 잘하는 핵심이다. 그래서 "사진을 찍다"라는 우리말도 따져보면, 사진을 내가 찍는 것이 아니라 "나의 사진이 찍히다"라고 하는 게 더 정확하다. 사진관에 일단 내가 서 있고, 그리고 내가 가지게 되는 것은 나의 사진인데 그 사진이 내가 찍는 것이 아니라 찍히게 된다.

taken

I → have → my photograph

● during the game

그때 진행된 일은 '경기' 이다.

Memo

招福

5

토탈 잉글리시를 위한 마무리

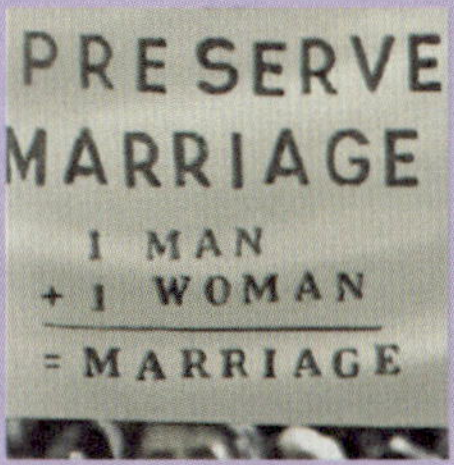

33

기본 개념 하나면 다 통하는 **만능 단어 학습법**

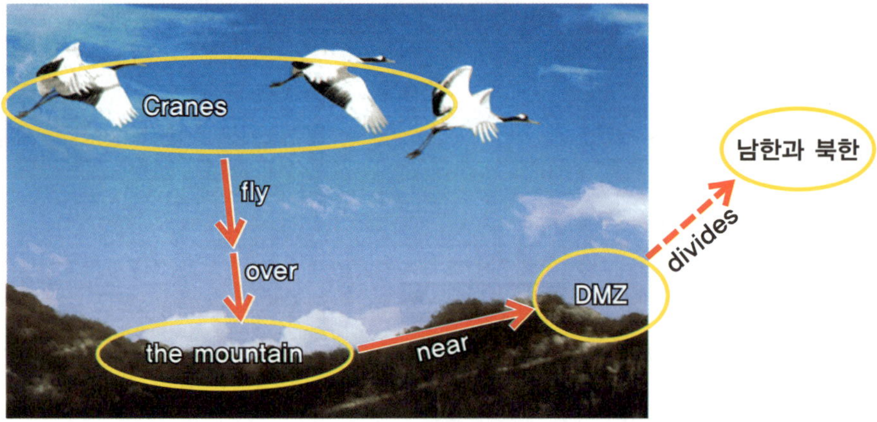

Cranes fly over the mountain, near the demilitarized zone that divides North and South Korea.

두루미들 → 날다 → over → 산 → near → 비무장지대 → that → 나누다 → 북한과 남한.

● Cranes

"근하신년"이라고만 적어 넣으면 딱 연하장 그림이다. 그런데 주어를 잘 보자. cranes이다. 필시 다음에 이어지는 동사가 fly이니 날 수 있는 뭔가여야 하는데 주어인 단어가 '크레인'이다. 크레인(기중기) 모르는 사람 있는가? 그런데 이 기중기가 '날고 있다'니? 혹시 글자만 같고 다른 단어 아닌가 할지 모르겠다. 그러나 사전에 찾아보면 같은 단어이다. 사진으로 보면 날아가고 있는 새가, 학이나 두루미 같지 않은가? 맞다. '두루미'이다. 사전을 찾아보면 놀랍게도, crane이 '두루미'도 되고 '기중기'도 된다. 어떻게 이럴 수 있을까? 그래서 사람들은 "역시 영어는 어렵고, 복잡해! 단어 하나의 뜻이 이렇게 다양해 가지고서야, 나 원참!" 하면서 crane 1번 의미 '기중기', 2번 뜻 '두루미' 이런 식으로 암기해버린다.

하지만, 이렇게 해서는 절대 영어를 제대로 하지 못한다.

물론 좋은 방법이 있다. **단어를 한번에 줄줄 꿸 수 있는 비법은 바로, 전치사나 동사에도 적용했듯이, 그 단어의 기본 그림을 찾는 것이다.** crane은 사전에 대부분 이렇게 나온다.

> 【명사】① 두루미, 검정 두루미, 왜가리, 두루미 비슷한 새 ② 크레인, 기중기 ③ 크레인 모양의 장치[기구] ④(the C-) 천문 두루미좌
> 【동사】① …을 크레인 따위로 움직이다[옮기다]. ②(목)을 길게 빼다.

단어의 기본 그림을 찾아내는 방법은 의외로 간단하다. 사전에 나와 있는 의미들 가운데 ①번 의미라고 중요시하지 말고, 저 아래에 있는 의미까지 꼼꼼히 읽어보면서 공통되는 점을 찾아본다.

crane이 지닌 기본 그림의 실마리는 동사에서 찾을 수 있다. 동사의 "목을 길게 빼다"는 의미가 기중기와 두루미의 공통점을 알려준다. 즉, 무거운 것을 들어서 기중기가 crane인 게 아니라 두루미처럼 목을 길게 뺄 수 있기 때문이다. 이제 왜 전혀 상관없을 것 같은 기중기와 두루미가 같은 단어인지 이해가 되었는가?

이렇게 한 후 '목을 길게 빼다'는 기본 그림을 가지고, 다른 경우들에도 죽 적용해보면 너무나 속 시원하게 다 이해가 된다. 응용도 이 기본 개념만 알고 있으면 쉽게 해결해 갈 수 있다. 지하철에서 옆에 있는 사람이 내가 보고 있는 신문을 목을 길게 빼고 함께 보고 있다면, 그때 **"He cranes his neck"**이라고 하면 되고, 목뿐만 아니라 잘 들으려고 학생들이 귀를 쫑긋 세우고 있다면, 그것도 **"The students crane their ears"**라고 하면 된다.

이제부터는 사전을 볼 때, 한 단어에 아무리 많은 다양한 의미들이 나온다고 해도 기죽거나 부담스러워 하지 말고, 특히 무조건 외우려고 하지 마시라. 아무리 많은 의미들이 나와도 다 한가지 기본 그림으로 꿰어진다는 확신을 가지고 죽 읽어나가면서 공통점이 무엇일까 고민하다 보면 다 보이게 된다. 이렇게 영어는 이해가 기본이다. 절대 암기가 아니다. 즐겁게 공부하자.

● fly over the mountain, near the demilitarized zone.

'두루미들' 이 날고 있다. 위치는 위인데, 아래에 있는 것은 '산' 이다. over는 두루미의 위치가 '위' 임을 나타내고, 그 '아래' 있는 것을 덮고 있는 모양새다. 사진에서도, 두루미들이 날아가고 있는데 아래에 놓여 있는 곳이 바로 산이다. 그 근처에 있는 것(near)이 무엇인가 하면 '비무장지대' (the demilitarized zone)이다.

● (the demilitarized zone) that divides North and South Korea.

'비무장지대' 로부터 관계사 that을 이용해 곁그림을 그렸다. 비무장지대가 that을 통해 다시 주어의 역할이 되어 동사인 divide(나누다)가 나온다. 나누는 힘을 받는 대상이 '북한과 남한' 이다.

다시 전체 그림으로 돌아가서, 하늘의 '두루미' 로부터 시작해 아래로 내려가서 '산' 에 이르고 또 산에서 죽 확장해 나가 '비무장지대' 그리고 급기야는 시야가 '남북한' 을 다 아우르게 된다.

34 화살표만 따라가며 함께 정리하는 종합연습 (1)

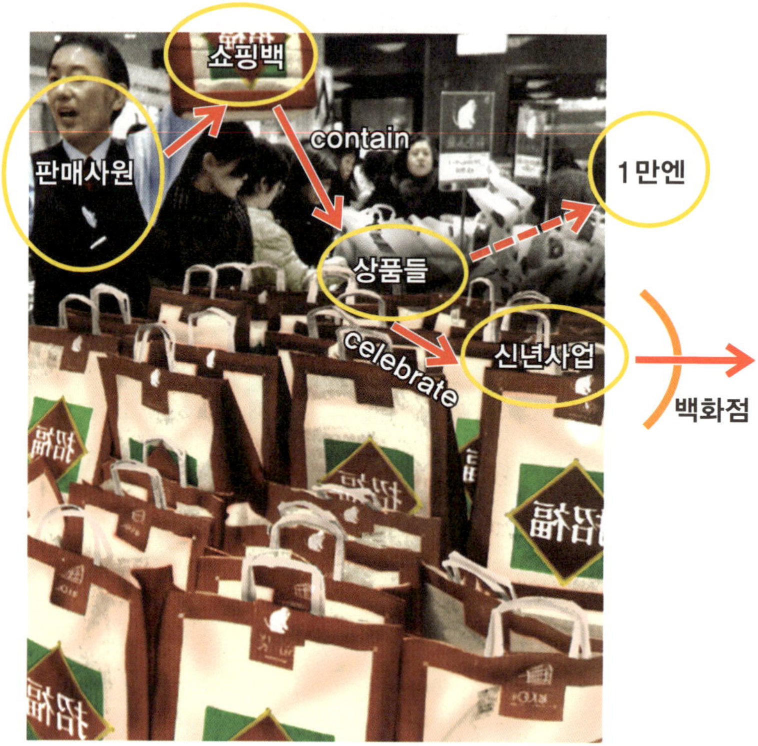

A sales assistant shows lucky bags which contain items worth 10,000 yen to celebrate the New Year business at a department store.

preview
이렇게 해봐요

한 판매 직원 → 보여준다 → 행운의 가방들 → which → 포함하다 → 상품들 → 값이 나가다 → 만엔 → to → 축하하다 → 신년 사업 → at → 한 백화점.

● A sales assistant shows lucky bags

한 판매직원이 보여주는데, 그게 '행운의 가방들' 이다.

● (lucky bags) which contain items worth 10,000 yen

lucky bags에 이어지는, 관계사 which로 시작된 첫 번째 곁그림이다. 그 가방들이 포함하고 있는데, 대상은 상품들(items)이다. 그리고 items에 이어 형용사 worth가 연결되어 또 곁그림이 그려진다. 아이템들은 값어치가 있는데(worth), 그게 10,000 yen 만엔이다.

● to celebrate the New Year business at a department store.

to celebrate 역시 'to + 동사원형' 의 형태로 앞 문장 전체에 이은 곁 그림이다. 앞 그림에 이어서 그냥 "하고자 하는 바는 → 축하하다"이고, 축하의 대상은 '신년 사업' 이고, at 딱 그 장소는 백화점이다.

정말 다양한 곁그림이 나와서 종합연습 편으로 손색이 없다. 이런 문장을 죽 읽으면서, 또는 들으면서 바로 머리에 본그림, 곁그림이 죽 순서대로 그려지도록 훈련을 하면 여러분의 영어 실력은 몇 단계 뛰어오르게 될 것이다.

Memo

35 화살표만 따라가며 함께 정리하는 종합연습 (2)

A man holds up a sign defining marriage as a union of a man and a woman at a "Rally To Defend Marriage" with several hundred other opponents of same-sex marriages.

한 남자 → 들다 → up → 한 도표 → 정의하다+ing → 결혼 → as → 한 결합 → of → 한 남자와 한 여자 → at → "집회 → to → 사수하다 → 결혼" → with → 수백 명의 다른 반대자들 → of → 동성간의 결혼들.

● A man holds up a sign

주어인 '한 남자'가 나오고 동사인 holds가 나왔다. 사진을 보니 먼저 안경 쓴 한 남자가 보이는데, 손을 위로 들고 있다. 우리말로는 "위로 들다"지만 영어는 주어에서 가까운 순서대로 '드는 동작'이 먼저이고 그 방향이 '위'라는 것이다. 동사 hold up의 대상은 a sign이다. 사진에 보이는 주인공의 손에 들려져 있는 도표이다.

sign을 사전에서 찾아보면 '기호, 도표, 표지, 부호, 징후, 흔적 등' 뜻이 매우 다양하지만, 굳이 한국말로 뭐라고 정확한 단어를 찾지 못해도 상관없다. 사진을 보면서 의미가 바로 그림으로 파악이 되면 더 이상 뭐가 필요한가? 안경 쓴 남자 손에 들린, 데모할 때 사용하는 '항의 내용' 이나 '주장 내용' 을 담은 종이가 보인다. 그게 바로 sign이다. 단어를 이렇게 바로 사물 자체와 연결시키는 것이 가장 좋은 원어민식 단어학습법이다.

● defining marriage as a union of a man and woman

명사 a sign에 이어진 '동사 + ing' 이니, 곁그림이다. 동사는 define(정의하다)으로, 그 정의하는 대상은 marriage이다. 이제 시선을 옮겨서 그 도표 안을 들여다보자. 주어에서부터 시작해서 손끝을 타고 도표가 나오고, 그 다음에 도표 안의 내용으로 옮겨가는 것이다. 그 도표 안을 보니 뭐라고 뭐라고 적혀 있는데, 일단 그것이 정의를 내린 것이다. 그 정의의 대상이 피켓 안 글자에 나오는 대로 '결혼' 이다.

도표 제일 아래에 적혀 있는 "= marriage"가 보이는가? 바로 이 '=' 이 as에 해당하며, 위의 '+' 가 a union에 해당한다. 그리고 union(+)의 대상이 a man and a woman이다. 즉, marriage as(=) a union(+) of a man and a woman. 도표 안에서도 marriage에서부터 순서대로 확장해가면서 풀어낸 것이 돋보인다.

● at a "Rally To Defend Marriage" with several hundred other opponents of same-sex marriages

이제 도표에서 시선이 그 주위로 다시 옮겨진다. 이 일들이 접한 대상은(at)은 '한 집회' 이다. 그 집회를 통해 하고자 하는 바는(to) '수호하는 것' 이다. 수호하는 대상은 '결혼'. 그래서 이 집회의 이름이 "결혼을 사수하는 집회"이다. 이 집회에 함께 한 사람들은(with) 수백 명의 다른 반대자들이다. 이 사람들과 밀접한 관련이 있는 것은(of), 즉 반대하는 바는 same-sex marriages(동성 간의 결혼들)이다.

36

영어는 동영상이다

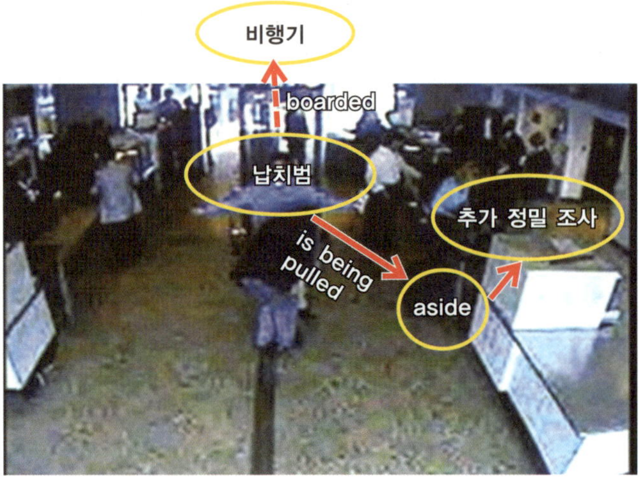

One of the hijackers who boarded American Airlines Flight 77 is being pulled aside to undergo additional scrutiny but then is permitted to board the fatal flight that later crashed into the Pentagon.

한 사람 → of → 납치범들 → who → 탑승했다 → 아메리칸 에어라인 77편 → 이다 → being → 당기다 + ed → 옆쪽 → to → 받다 → 추가 정밀조사 → but → 그러고 나서 → 이다 → 허락하다 + ed → to → 탑승하다 → 그 운명의 비행기 → that → 후에 → 충돌했다 → into → 미 국방부 건물.

사진이 흐리게 보이는 이유는 감시용 폐쇄회로 비디오 장면이라서 그렇다. 사실성을 살리기 위해서 그대로 실었다. 하나의 문장치고는 길다. 그러나 "우와, 복잡한 문장이네" 하고 겁먹을 것 없다. 지금껏 해온 대로 하면, 간단한 기본문들이 계속 이어져 있는 데 불과할 뿐임을 느낄 수 있을 것이다.

● One of the hijackers who boarded American Airlines Flight 77 is being pulled aside to undergo additional scrutiny

주어가 '한 사람' 이다 그 전체는(of) '납치범들' 이다.(사진의 중간에 보이는 사람들인 듯하다.) 그리고 바로 본동사가 나오지 않고 who로써 곁그림이 시작된다. 그들이 탑승한(board) 것은 American Airlines Flight 77이다.

이제 본그림의 동사 is being pulled aside가 이어진다. being으로써 현재 일어나고 있는 동작임을 알 수 있고, pull(당기다)이 힘을 받는 모양새인 pulled(동사 +

ed)로 '당겨지다' 가 된다. 그러고 나서 그 결과, 있게 되는 위치가 옆쪽(aside)이라는 것이다. "옆으로 당겨지다"가 우리말로는 더 맞는 것 같지만, 영어는 주어에서부터 순서대로이니 먼저 당겨지고 나서 그 결과 옆에 있게 되는 것으로 이해해야 한다. 그래서 'be pulled → aside' 인 것이다.

이렇게 한 그림이 끝나고, 다시 to undergo가 왔다. 'to + 동사원형' 이니, 문장에 이은 곁그림이 된다. '하고자 하는 바' 가 undergo(받다)이다. undergo하는 대상은 '추가 정밀조사' (additional scrutiny)이다.

boarded American Airlines Flight 77

who ↗

⟨one of the five hijackers → is being pulled aside⟩ → to undergo~

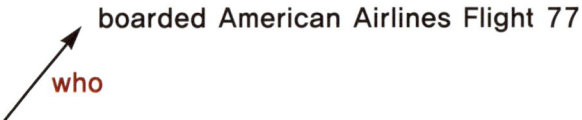

● but then is permitted to board the fateful flight

but then(그러나, 그러고 나서)으로써 다음 그림이 이어진다. 접속사 다음에 주어가 와야 하지만 보다시피 주어는 말 안 해도 알 만한, 앞에 나온 사람이니 그냥 be동사로 바로 이어진다. 동사는 is permitted, 힘을 받는 모양새이니 '허락되다'. 그러고 나서 문장에 이은 곁그림 형식으로 to board the fateful flight가 왔다. 군이 곁그림으로 보지 않아도 be permitted에 이어지는 힘의 연속성으로 보면 더 쉽다. 허락이 되었다면 당연히 그 허락된 '동작'이 따라오지 않겠는가. 그래서 앞으로 일어날 일이 무엇인지 보니 to board(탑승하다)이다. 탑승한 대상이 바로 '운명의 비행기'였다.

● (the fateful flight) that later crashed into the Pentagon.

그 운명의 비행기에 대한 곁그림이 관계사 that으로 시작된다. 동작은 crashed(동사 + ed)이며, 충돌해서 안으로 들어가게 된 대상이 Pentagon(미 국방부 건물)이다.

crash into ~ 에서도 힘의 연속성을 느낄 수 있다.

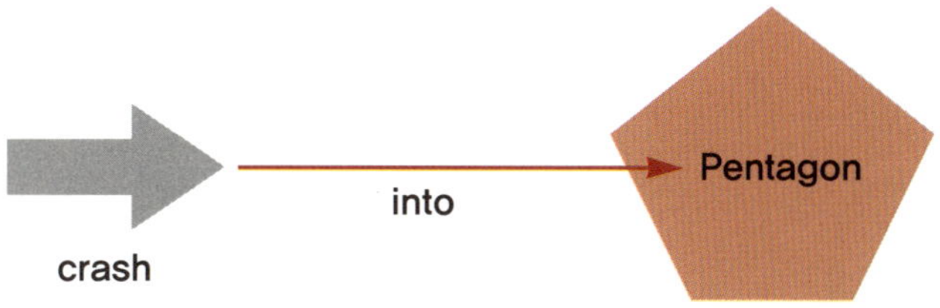

● 영어는 동영상이다

영어다운 영어를 한다는 것은 대단한 것도, 어려운 것도 아니다. 영어 회화나 영작이 우리말 문장을 토씨 하나 안 바꾸고 옮기는 것이 아니다. **먼저 내가 표현하고자 하는 내용을 머릿속에 영상으로 재구성해보고, 그 영상을 주어에서부터 가까운 순서대로 차근차근 한 단어 한 단어 늘어놓는 식으로 말하면 된다.** 사실 여러분이 기존에 암기했던 숙어들도 모두 영미인들이 그런 표현을 즐겨하기 때문에 만들어진 말이다.

원어민식 이해, 즉 애로우 잉글리시적 이해의 근본 원리는 본그림과 곁그림을 순리적 언어감각에 의해 나오는 대로 한마디씩 자연스럽게 읽어가면서 그림을 그려 나가는 것이다. 그게 전체 흐름 파악을 훨씬 용이하게 만든다. 그렇게 하다 보면, 영어 읽기 속도가 빠르게 증가되며, 듣기와 말하기, 쓰기까지 한꺼번에 실력이 는다. 다시 한번 강조하고 싶은 것은, 본그림 그리기와 곁그림 그리기 방식을 통해 자연스럽게 단어가 나열된 순서대로 이해해가는 것이며, 이는 한 단어 한 단어를 원어민의 언어사고대로 주어에서부터 순서대로 차근차근 나아가는 원리를 터득함으로써 가능하다는 것이다.

그렇다면, 더 배울 게 없어 하산하는 단계는 어떤 경지인가? 바로 이런저런 계산 없이 무심코 읽어나가는 중에 자연스럽게 본그림 그리기와 곁그림 그리기 두 감각이 어우러지는 것이다. 이렇게 되어야만 실전에서 내용만 신경을 쓰면서 영어로 생각하고 영어로 대화할 수 있다.

1 ~ 36

사진카드 활용하기

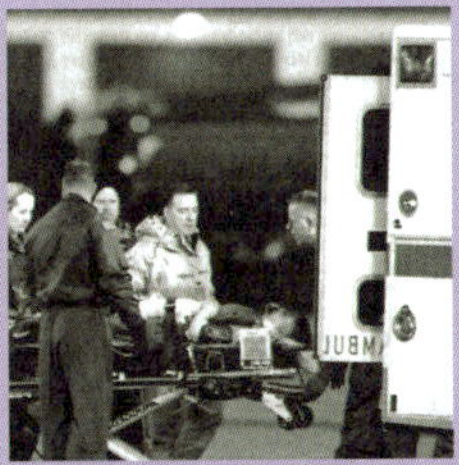

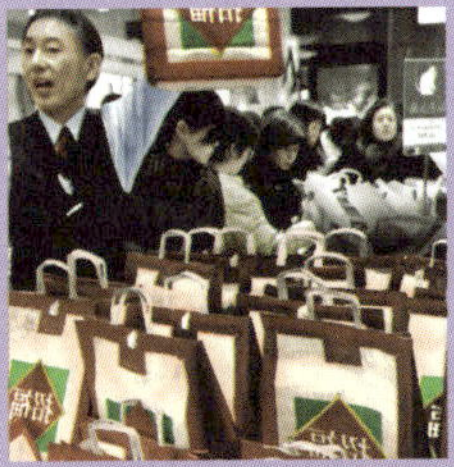

1

preview
이렇게 해봐요

2

preview
이렇게 해봐요

3

preview
이렇게 해봐요

4

comcast
preview
이렇게 해봐요

A captain stands third from right in the top row, with the crew of a swift boat.

A basketball player drapes his jersey around his new coach during a news conference.

2

4

1

3

A volunteer receives money from a woman in the market.

A young girl is held by her father while a nurse gives her a flu shot at a hospital in Toronto.

5

preview
이렇게 해봐요

7

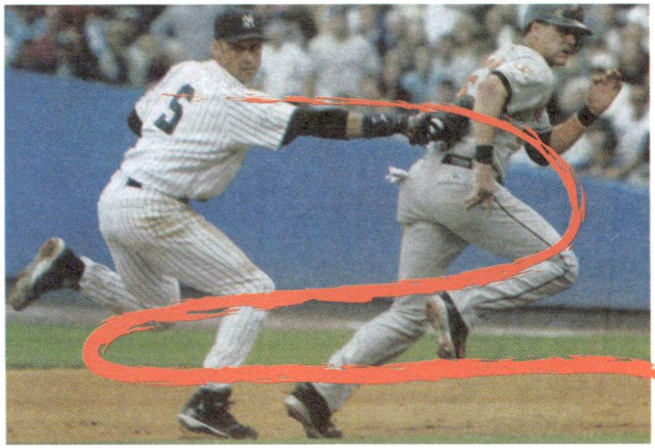

preview
이렇게 해봐요

6

preview
이렇게 해봐요

8

preview
이렇게 해봐요

6

A big balloon floats down the street ahead of another balloon during the parade, New York.

8

Hot air balloons float above buildings and trees during the annual balloon festival in Australia.

5

A man sits on a damaged car outside his home amid the destruction following a hurricane.

7

A baseball player tags an opposing player between second and third base during the game.

9

preview
이렇게 해봐요

11

preview
이렇게 해봐요

10

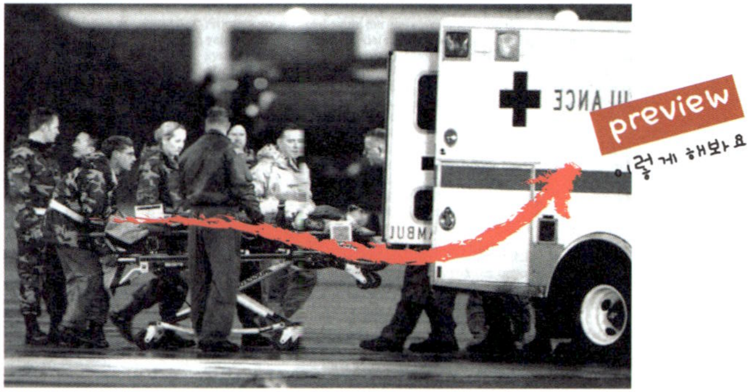
preview
이렇게 해봐요

12

preview
이렇게 해봐요

10

An injured soldier is carried on a stretcher into an ambulance.

12

South and North Korean athletes march behind a flag depicting the Korean peninsula during the opening ceremony of the Olympic Games.

9

Shoppers pass by a Christmas tree inside a shopping mall in Dubai, UAE.

11

A container ship sails past a shipyard along the river in Shanghai, China's business capital.

preview
이렇게 해봐요

13

15

14

16

preview
이렇게 해봐요

13

A rocket drops steadily away from the plane before it speeds up over the ocean.

14

Many apartments are lit up until early morning as people watch Olympic games on television.

15

Rescue workers remove bricks from crushed cars near the remains of a collapsed building following an earthquake.

16

A player pins an opposing player against the boards during the third period of their game.

17

preview
이렇게 해봐요

18

preview
이렇게 해봐요

19

20

preview
이렇게 해봐요

17

A basketball player(above) goes up for a shot over an opposing player during the game.

18

A helicopter drops water onto a burning ferry off the island.

19

Baseball players collect signatures from fans who oppose a possible merger of their team with one in Tokyo.

20

The actor who brought comic book hero Superman to the silver screen has died of heart failure at 52.

21

preview
이렇게 해봐요

22

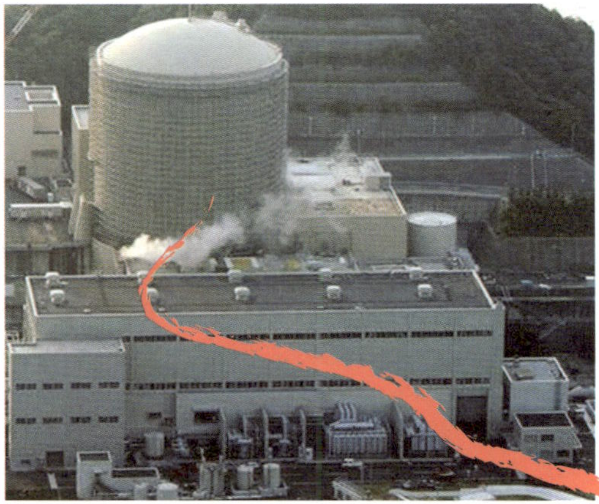

23

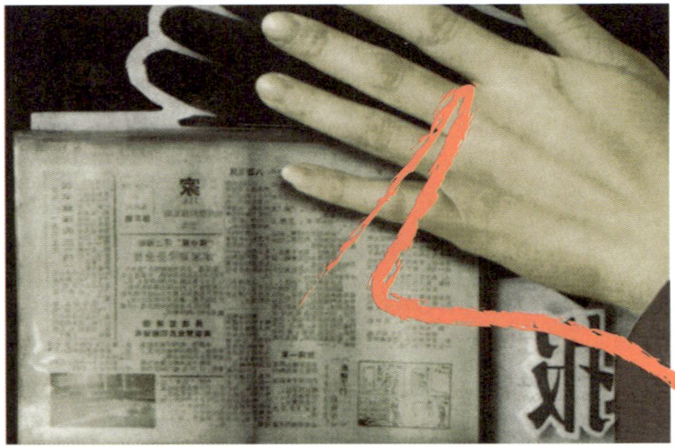

preview
이렇게 해봐요

24

preview
이렇게 해봐요

21

A trader stands next to a monitor that reflects the direction of the market.

22

Steam comes out from the facility where a steam leak occurred at the No.3 reactor at a nuclear power plant in Tokyo, Japan.

23

A "palm newspaper", which is as big as a palm, is displayed in the museum, opened in China.

24

Oprah Winfrey poses atop a car while she is surrounded by some of the people from the audience of her show outside her studio.

preview
이렇게 해봐요

25

27

26

preview
이렇게 해봐요

28

preview
이렇게 해봐요

25

Passengers are met by signs warning about the deadly virus as health workers distribute medical checklist cards to them at the international airport.

26

The mountain, which is still an active volcano, erupted sending smoke and ash thousands of meters into the air.

27

A woman wearing the costume of the Statue of Liberty is among people marching in New York in support of women's rights.

28

A woman reaches her hand out toward the mannequin wearing underwear with the image of monkey printed on it in a shop.

29

30

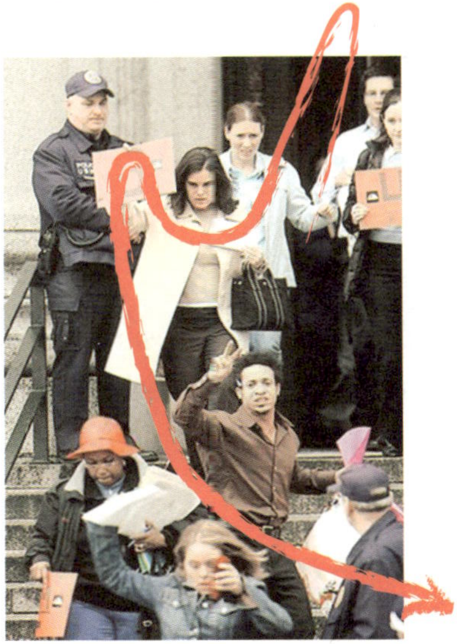

preview
이렇게 해봐요

31

preview
이렇게 해봐요

32

29

A soldier's son watches troops to be deployed to Iraq as they march in a farewell ceremony at the camp in Dongducheon.

30

TV news producers run out of federal court waving red signs to tell their colleagues of the verdict.

31

A boxer watches the referee count him after he was knocked down by the opposing boxer at Freedom hall in Louisville.

32

A football player has his shorts pulled by the opposing player during the game.

33

34

preview

이렇게 해봐요

35

preview

이렇게 해봐요

36

preview

이렇게 해봐요

34

A sales assistant shows lucky bags which contain items worth 10,000 yen to celebrate the New Year business at a department store.

36

One of the hijackers who boarded American Airlines Flight 77 is being pulled aside to undergo additional scrutiny but then is permitted to board the fatal flight that later crashed into the Pentagon.

33

Cranes fly over the mountain, near the demilitarized zone that divides North and South Korea.

35

A man holds up a sign defining marriage as a union of a man and a woman at a “Rally To Defend Marriage” with several hundred other opponents of same-sex marriages.